A. Schüller und Chr. Watrin

Wirtschaftliche Systemforschung und Ordnungspolitik:
40 Jahre Forschungsstelle zum Vergleich wirtschaftlicher Lenkungssysteme
der Philipps-Universität Marburg

Studien
zur Ordnungsökonomik

Herausgegeben von

Prof. Dr. Alfred Schüller

Forschungsstelle zum Vergleich
wirtschaftlicher Lenkungssysteme
der Philipps-Universität Marburg

Nr. 22: Wirtschaftliche Systemforschung und Ordnungspolitik:
40 Jahre Forschungsstelle zum Vergleich wirtschaftlicher
Lenkungssysteme der Philipps-Universität Marburg

Lucius & Lucius · Stuttgart · 1999

Wirtschaftliche Systemforschung und Ordnungspolitik

40 Jahre Forschungsstelle zum Vergleich wirtschaftlicher Lenkungssysteme der Philipps-Universität Marburg

Von

Alfred Schüller und Christian Watrin

Mit Grußworten von

Bernd Höhmann
Kanzler der Philipps-Universität Marburg, und

Prof. Dr. Erich Priewasser
Dekan des Fachbereichs Wirtschaftswissenschaften
der Philipps-Universität Marburg

Lucius & Lucius · Stuttgart · 1999

Anschrift der Autoren:

Prof. Dr. Alfred Schüller
Forschungsstelle zum Vergleich
wirtschaftlicher Lenkungssysteme
Barfüßertor 2
D-35032 Marburg

Prof. Dr. Christian Watrin
Arndtstraße 9
D-50996 Köln

Die Deutsche Bibliothek - CIP-Einheitsaufnahme

Schüller, Alfred / Watrin, Christian
Wirtschaftliche Systemforschung und Ordnungspolitik: 40 Jahre
Forschungsstelle zum Vergleich wirtschaftlicher Lenkungssysteme der
Philipps-Universität Marburg
Mit Grußworten von B. Höhmann ... - Stuttgart : Lucius und Lucius, 1999

    (Studien zur Ordnungsökonomik; 22)

    ISBN 3-8282-0111-3

© Lucius & Lucius Verlags-GmbH • Stuttgart • 1999
Gerokstraße 51 • D-70184 Stuttgart

Druck und Einband: ROSCH-BUCH Druckerei GmbH, 96110 Scheßlitz
Printed in Germany

ISBN 3-8282-0111-3

Vorwort

Die *Forschungsstelle zum Vergleich wirtschaftlicher Lenkungssysteme* hat seit 1981 in ihren „Arbeitsberichten zum Systemvergleich" über jeweils aktuelle ordnungstheoretische und ordnungspolitische Forschungsprobleme und -ergebnisse informiert. 1994 wurde die Herausgabe und Verbreitung dieser Arbeitsberichte von der neu gegründeten *Marburger Gesellschaft für Ordnungsfragen der Wirtschaft e.V. (MGOW)* übernommen, die von ordnungspolitisch interessierten Wissenschaftlern und Praktikern unterstützt wird.

Es war ein besonderes Anliegen unseres im März 1999 verstorbenen Geschäftsführers *Dr. Ralf L. Weber*, den Vertrieb der Arbeitsberichte über den Verlag Lucius & Lucius, Stuttgart, zu organisieren, um den Wirkungskreis der Arbeitsberichte zu vergrößern. Nach einigen Verzögerungen konnten nun die Verhandlungen mit dem Verlag erfolgreich abgeschlossen werden, so daß die Arbeitsberichte mit der vorliegenden Nr. 22 in neuer Gestalt erscheinen.

Da es sich bei den Arbeitsberichten generell nicht um Vorwegveröffentlichungen im Sinne von „Working Paper" handelt, habe ich mich außerdem entschlossen, die Reihe künftig **„Studien zur Ordnungsökonomik"** zu nennen. In ihnen werden wie bisher in lockerer Folge Grundfragen der Ordnungs- und Institutionenökonomie sowie aktuelle Ordnungsprobleme behandelt.

Marburg, September 1999   Prof. Dr. Alfred Schüller

Vorsitzender der
Marburger Gesellschaft für
Ordnungsfragen der Wirtschaft e.V.

Inhalt

Grußwort des Kanzlers der Philipps-Universität Marburg

Bernd Höhmann

Zum 40jährigen Bestehen der Forschungsstelle zum Vergleich wirtschaftlicher Lenkungssysteme am Fachbereich Wirtschaftswissenschaften möchte ich in Vertretung des Präsidenten die herzlichsten Glückwünsche der Universitätsleitung überbringen.

Meine Damen und Herren, vor zehn Jahren war Deutschland noch durch Mauer und Stacheldraht geteilt. Der politischen Spaltung entsprach die ordnungspolitische Spaltung in zwei konträre Wirtschaftssysteme: Hier die soziale Marktwirtschaft, dort die sozialistische Planwirtschaft. In den ersten drei Dekaden ihres Bestehens hat sich die Marburger Forschungsstelle, deren Jubiläum wir heute feiern, schwerpunktmäßig der Analyse und dem Vergleich solcher konkreten Wirtschaftssysteme gewidmet.

Als sich der Sozialismus Ende der achtziger Jahre in Luft auflöste, war die Forschungsstelle ihres Forschungsgegenstandes allerdings keineswegs beraubt. Im Gegenteil: Der – wie wir alle spüren – äußerst schwierige Übergang zu einer marktwirtschaftlichen Wirtschafts- und Gesellschaftsordnung stellte die vergleichende Systemforschung auch in Marburg vor völlig neue Aufgaben. Mit den wirtschaftlichen und gesellschaftlichen Umbrüchen in Mittel- und Osteuropa sowie der deutschen Wiedervereinigung wuchs den Mitarbeiterinnen und Mitarbeitern der Forschungsstelle unmittelbar vor der Haustür ein riesiges Experimentierfeld zu. Transformationsprozesse aller Art und unterschiedlicher Ausprägung können hier forschend begleitet werden.

„Ende offen", möchte ich hinzufügen, denn mit der Osterweiterung der EU dürften sich mit Sicherheit neue Probleme ergeben, die zu weiteren Studien bezüglich Verdrängung, Integration und Globalisierung herausfordern – bis hin zu der Frage nach dem Einfluß kultureller Faktoren auf die Ordnungspolitik und die praktische Umsetzung wirtschaftspolitischer Prozesse in den betroffenen Ländern.

Meine Damen und Herren, die Forschungsstelle zum Vergleich wirtschaftlicher Lenkungssysteme hat in den vergangenen 40 Jahren engagierte und erfolgreiche Arbeit geleistet. Das belegt ein Blick auf die umfangreiche Publikationsliste ihrer Mitglieder. Mit diesen Arbeiten hat sie sich auch international Anerkennung erworben.

Schon früh wurde von Marburg aus der wissenschaftliche Kontakt insbesondere mit osteuropäischen Fachkollegen gepflegt. Ich denke, es ist – wie manches andere – *Gorbatschow*s Politik der Perestrojka zu verdanken, daß dieser grenz- und anfangs auch systemübergreifende Dialog in den vergangenen zehn Jahren beträchtlich erweitert und vertieft werden konnte – ich denke, zum Nutzen beider Seiten.

Intensive Beziehungen bestehen insbesondere zu polnischen, russischen und slowenischen Kollegen. Aus diesen Ländern stammen auch zahlreiche Studierende,

Doktoranden und Habilitanden, die an der Philipps-Universität kompetente Ansprechpartner und Betreuer gefunden haben. Besonders rege ist der Gedanken- und Literaturaustausch darüber hinaus mit Wissenschaftlern und Institutionen in Ungarn, der Tschechischen Republik, in China, Südkorea und den USA.

Diese Länderliste, die eigentlich viel länger ist, belegt, wie sehr der fachliche Rat aus Marburg in aller Welt geschätzt ist. Hierzu zählen auch mehrere Buchprojekte in russischer Sprache, die von Professor Schüller gemeinsam mit dem IMEMO-Institut der Russischen Akademie der Wissenschaften in Moskau realisiert wurden – u. a. über die „Institutionelle Gestaltung der sozialen Marktwirtschaft". Ich erinnere daran, daß mit russischen Gästen der Forschungsstelle ein Arbeitsbericht über die Grundlagen der Marktwirtschaft erarbeitet wurde, der überwiegend in Moskau und St. Petersburg rege Verbreitung gefunden hat.

Meine Damen und Herren, die Ergebnisse dieser intensiven Forschung sind auch den Marburger Studierenden unmittelbar zugute gekommen – deutschen Studierenden ebenso wie vielen ausländischen Kommilitonen, die u. a. unserer slowenischen Partneruniversität Maribor oder dem Millersville College in Pennsylvanien entstammen. Diese Hinweise mögen für viele weitere internationale Aktivitäten stehen, die ich hier nicht alle einzeln aufzählen kann.

Lassen Sie mich noch kurz auf eine Veranstaltungsform eingehen, die ich besonders erfreulich und lobenswert finde. Ich meine das **Forschungsseminar** in **Radein/Südtirol**, das seit nunmehr über 30 Jahren in jedem Frühling stattfindet und Experten aus dem In- und Ausland zu einem zehntägigen lockeren Diskussionsforum in angenehmem Ambiente versammelt.

Ich denke, alle Anwesenden teilen meine Einschätzung, daß die Forschungsstelle zum Vergleich wirtschaftlicher Lenkungssysteme kein Forschungsinstitut im Elfenbeinturm ist. Die Forschungsstelle pflegt lebendige internationale Beziehungen, sie begleitet aktuelle Transformationsprozesse und sie wirkt mit ihren ordnungspolitischen Erkenntnissen regelmäßig in die Lehrveranstaltungen der beiden wirtschaftswissen-schaftlichen Studiengänge hinein. Sie unterbreitet den Studierenden der Volks- und Betriebswirtschaftslehre damit bereits im Grundstudium Angebote, die diese in dieser Ausprägung anderswo vergeblich suchen mögen. Die große Zahl von Examensarbeiten und Dissertationen, die dem wirtschaftlichen Systemvergleich gewidmet sind, macht deutlich, daß mit dem Marburger Angebot ein besonderes studentisches Interesse befriedigt werden kann. Ich hoffe, daß sich daran auch in den kommenden 40 Jahren nichts ändern möge.

Grußwort des Dekans des Fachbereichs Wirtschaftswissenschaften der Philipps-Universität Marburg

Prof. Dr. Erich Priewasser

Exzellenz, hohe Festversammlung,

die Universitätslandschaft wird immer uniformer. Angesichts dieser Tatsache darf sich ein Fachbereich glücklich schätzen, der über ein Kleinod wie die Forschungsstelle verfügt. Zwei herausragende Wissenschaftler, die in der Volkswirtschaftslehre Rang und Namen haben, sind untrennbar mit der Forschungsstelle zum Vergleich wirtschaftlicher Lenkungssysteme verbunden: *K. Paul Hensel* und *Alfred Schüller*. Ihr Erfolg wäre allerdings nicht möglich gewesen ohne die tatkräftige Unterstützung und Zuarbeit einer Reihe ehemaliger und aktueller Mitarbeiterinnen und Mitarbeiter. Sie sind heute fast vollzählig im Auditorium versammelt.

Die ersten Anfänge reichen auf Freiburg zurück. Bald aber übersiedelte das Institut an die Philipps-Universität Marburg. Der Initiative *Hensels*, gemeinsam mit *Ingomar Bog*, war auch die Einrichtung des längst zur Tradition gewordenen Forschungsseminars in Radein zu verdanken. Die Forschungsstelle war maßgeblicher Grund dafür, daß *Hensel* nach einem Ruf an die Universität Köln für die *Philipps-Universität* erhalten werden konnte und in Marburg blieb. 1974 wurde *Prof. Hensel* emeritiert. Ich war damals erst wenige Monate in Marburg und hatte das Glück, *Paul Hensel* noch persönlich kennenzulernen. Es gab damals noch keine Evaluierung von Hochschullehrern oder Vorlesungen. Trotzdem wußte jeder am Fachbereich: *Paul Hensel* war ein begnadeter Forscher und ein geschätzter, bewunderter Lehrer.

Nach seinem Ausscheiden stand die schwierige Frage der Nachfolge an. *Alfred Schüller*, ich erinnere mich noch ganz genau, war von vornherein der erklärte Favorit von *Hensel*. Er wurde 1975 aufgrund seines hervorragenden wissenschaftlichen Oeuvres sowie aufgrund eines überzeugenden Vortrages als Nachfolger an die *Philipps-Universität* berufen.

Schüller erweiterte die ordnungstheoretische Forschung um neue Erklärungsansätze. Beispielhaft dafür stehen die Property Rights- Theorie, die Institutionenökonomik, die Geldtheorie oder die Außenwirtschaftsordnung. Wie sich die Bilder gleichen - auch *Alfred Schüller* erhielt einen ähnlich attraktiven Auswärtsruf wie sein Vorgänger. Er wurde 1992 als einer von 3 Gründern an das *Max-Planck-Institut* zur Erforschung von Wirtschaftssystemen berufen. Abermals war die Forschungsstelle ausschlaggebend, um den Ruf abzuwenden. Gerne denke ich noch daran zurück, daß damals ein alter akademischer Brauch auflebte, der längst der Vergangenheit anzugehören schien. Ich meine damit den Fackelzug einer Hundertschaft von Studenten, die - völlig überraschend für den Adressaten - vor dem Haus von Alfred Schüller plötzlich auftauchten, um ihn zum Bleiben zu bewegen.

Angesichts der zahlreichen Präsenz von Kollegen darf ich den Spruch ins Spiel bringen: „Der liebe Gott schuf den Professor. Der liebe Gott sah, daß es dem Professor zu gut ging. Der liebe Gott schuf den Kollegen."

Für Herrn Kollegen *Schüller* trifft dieses Denkmuster in keiner Weise zu. Ganz im Gegenteil: sein stets vorbildlicher, fairer, harmonischer Umgang mit Kollegen war ausschlaggebend dafür, daß die versammelte Kollegenschaft seinen Entschluß, Marburg die Treue zu halten, unisono mit Freude und Dankbarkeit aufnahm. Ganz unabhängig von seinem verbindlichen, vorbildlichen Umgang mit Kollegen versteht er es dennoch ganz vorzüglich, wichtige Ziele der Forschungsstelle stets durchzusetzen. Aus der Sicht eines Dekans durchaus erfreulich, daß keineswegs nur Rabaukentum zum Erfolg führt.

Der Forschungsgegenstand vergleichende Systemforschung ist mit dem Fall des Eisernen Vorhanges keineswegs obsolet geworden. Eine vergleichende Betrachtung zwischen dem Transformationsprozeß in den neuen Bundesländern und in Rußland zeigt überdeutlich auf: es ist keineswegs nur Kapital, sondern mindestens ebenso stark Know-how gefragt.

In diesem Sinne wünsche ich der Forschungsstelle, allen Mitarbeiterinnen und Mitarbeitern, Ihnen, lieber Herr Kollege *Schüller*, die Fortsetzung, die Perpetuierung des Erfolges der vergangenen 40 Jahre.

Vergleichende Systemforschung und Ordnungstheorie: Der Beitrag der Marburger Forschungsstelle

Alfred Schüller

Inhalt

1. Einführung

„Ich meine, wir sollten unsere analytischen Mittel nutzen, um Wirtschaftssysteme zu erforschen, denn der wirtschaftliche Wohlstand der Menschen hängt von der Produktivität ihres Wirtschaftssystems ab."

Diese Erkenntnis von *Ronald Coase* (1998), dem Nobelpreisträger für Wirtschaftswissenschaften des Jahres 1991 und Vater der neuen Institutionenökonomie, ist uns in Marburg vertraut. Sie deckt sich mit dem Forschungsprogramm der *Ordnungstheorie:* Alles wirtschaftliche Handeln realisiert sich in bestimmten Ordnungen. Dieses „Denken in Ordnungen" hat *Walter Eucken* in Freiburg entwickelt. Sein Schüler *K. Paul Hensel* hat diesem Denken mit der Berufung im Jahre 1957 an die Marburger *Philipps-Universität* auf seine unvergeßliche Weise neue Gebiete in Forschung und Lehre erschlossen. Seitdem gilt die Ordnungstheorie mit der vergleichenden Systemforschung - in enger Verknüpfung mit dem Lehrangebot - als ein Markenzeichen des Fachbereichs Wirtschaftswissenschaften und der *Philipps-Universität*.

Die Entstehung der Forschungsstelle ist das ganz persönliche Werk von *K. Paul Hensel*. Daran sei hier dankbar und mit großem Respekt erinnert. Einige der zahlreichen Schüler, Doktoranden und geistigen Mitstreiter *Hensels* sind anwesend. Vielfach sind oder waren sie selbst in hohen Ämtern von Wissenschaft und Wirtschaft. Sie haben die Entwicklung der Forschungsstelle miterlebt, zeitweilig auch mitgestaltet. *Hannelore Hamel* und *Gernot Gutmann* gehören als erste dazu. Sie sind seinerzeit mit *Hensel* nach Marburg gekommen und haben hier – wie später auch *Dieter Peschel, Ulrich Wagner, H. Jörg Thieme, Dieter Cassel, Helmut Leipold, Reinhard Peterhoff* und andere – als wissenschaftliche Mitstreiter eng mit ihm zusammengearbeitet, wie auch die von *K. Paul Hensel* zusammen mit *Ingomar Bog und Klemens Pleyer* begründete Buchreihe „Schriften zum Vergleich von Wirtschaftsordnungen"[1] zeigt.

40 Jahre Forschungsstelle und vergleichende Systemforschung in Marburg – dahinter steht eine wechselvolle Geschichte des Aufstiegs, des Wandels, des Niedergangs und des Wiederaufstiegs von Wirtschaftssystemen. Ich will mich im folgenden auf vier Punkte konzentrieren:

- Ordnungstheorie und vergleichende Systemforschung

- Der Systemvergleich im Wettkampf der Systeme

- Systemwandel und Systemwechsel

- Wettbewerb der Systeme als wissenschaftliche Herausforderung

Im ersten Punkt geht es um Grundlagenfragen, die drei folgenden Punkte sind stärker anwendungsorientiert.

---

[1] Heute „Schriften zu Ordnungsfragen der Wirtschaft", herausgegeben von *Gernot Gutmann, Hannelore Hamel, Klemens Pleyer, Alfred Schüller* und *H. Jörg Thieme*.

2. Ordnungstheorie und vergleichende Systemforschung

Der Systemvergleich als Methode ist eine junge Wissenschaft. Sie geht im hier vertretenen Verständnis auf *Walter Euckens* wichtigstes theoretisches Werk „Die Grundlagen der Nationalökonomie" aus dem Jahre 1939 zurück. Mit diesem Buch wollte *Eucken den* Historismus und die „Begriffsnationalökonomie" überwinden und einen neuen Weg für das nationalökonomische Denken und für eine bahnbrechende Ordnungstheorie aufzeigen. Aus einem realitätsnahen Systemverständnis wird eine Typologie von Wirtschaftssystemen mit einer „Logik der Systementfaltung" (*K. Paul Hensel*) entwickelt, die als Neubegründung ordnungspolitischen Handelns gedacht war. Hierfür ist die vergleichende Systembetrachtung eine entscheidende Voraussetzung. Um Wirtschaftssysteme vergleichen zu können, so *Hensel* (1970, S. 54), sind jene Instrumente der Ordnungstheorie unentbehrlich, die es erlauben, aus den geschichtlich gewachsenen Ordnungsformen Ordnungsprinzipien zu gewinnen und die mannigfaltigen Ordnungsformen in den Zusammenhang von Gesamtordnungen zu bringen - als individuelle, wechselnde Tatbestände der Geschichte und als typische Wirtschaftssysteme.

Faßt man das Wirtschaftssystem als Teil eines gesellschaftlichen Gesamtsystems gemäß Abb. 1 auf, so lassen sich hieran die geistige Verwandtschaft der Ordnungstheorie mit der Neuen Institutionenökonomie und die darin liegende Herausforderung für die Ordnungstheorie aufzeigen:

Wir beginnen in der Abb. 1 mit den *Menschen.* Sie sind - in einer Welt knappheitsbedingter Konflikte - mit ihren Eigeninteressen, unbegrenzten Bedürfnissen, Präferenzen, begrenzten Fähigkeiten, Ressourcen wie auch mit ihrer aus der Unsicherheit wirtschaftlichen Handelns folgenden begrenzten Rationalität der Ausgangspunkt der Ordnungstheorie. Der Eigennützigkeit menschlichen Handelns entspricht die Verhaltenshypothese des Handelns nach dem ökonomischen Prinzip. Damit ist gemeint, was *Eucken* (1939/1950, S. 213) eine „eigenartige Invarianz des Gesamtstils" menschlichen Handelns bei dem Versuch nennt, dem Knappheitsproblem bestmöglich gerecht zu werden. Überall und zu allen Zeiten ist demzufolge der Mensch mit Erfindungskraft, Einfallsreichtum, Geschick und häufig auch mit Opportunismus bestrebt, seine Ziele nach dem ökonomischen Prinzip zu verfolgen - je nach emotionalen und moralischen Dispositionen, vor allem aber je nach den vorherrschenden Ordnungsbedingungen durchaus verschieden. Bessere ökonomische Ergebnisse menschlichen Handelns - etwa durch Arbeitsteilung und Spezialisierung - hängen demzufolge davon ab, ob es möglich ist, die Ordnung zu verbessern.

Auch die Neue Institutionenökonomie geht davon aus, daß

erstens wirtschaftliches Handeln aus der Perspektive eigeninteressierter Menschen im Sinne des methodologischen Individualismus zu erklären ist,

Abb. 1: Wirtschaftssystem als Teil des Gesellschaftssystems

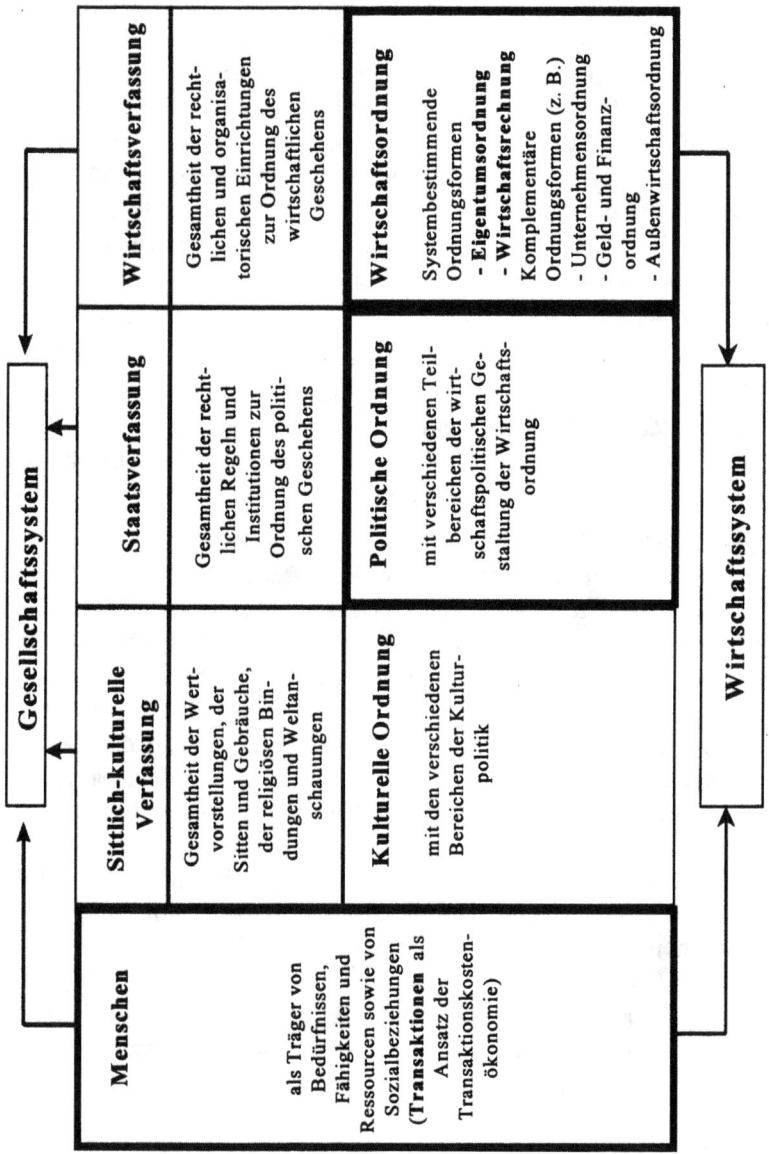

Gesellschaftssystem

Menschen

als Träger von Bedürfnissen, Fähigkeiten und Ressourcen sowie von Sozialbeziehungen (**Transaktionen** als Ansatz der Transaktionskostenökonomie)

Sittlich-kulturelle Verfassung

Gesamtheit der Wertvorstellungen, der Sitten und Gebräuche, der religiösen Bindungen und Weltanschauungen

Kulturelle Ordnung

mit den verschiedenen Bereichen der Kulturpolitik

Staatsverfassung

Gesamtheit der rechtlichen Regeln und Institutionen zur Ordnung des politischen Geschehens

Politische Ordnung

mit verschiedenen Teilbereichen der wirtschaftspolitischen Gestaltung der Wirtschaftsordnung

Wirtschaftsverfassung

Gesamtheit der rechtlichen und organisatorischen Einrichtungen zur Ordnung des wirtschaftlichen Geschehens

Wirtschaftsordnung

Systembestimmende Ordnungsformen
- **Eigentumsordnung**
- **Wirtschaftsrechnung**

Komplementäre Ordnungsformen (z. B.)
- Unternehmensordnung
- Geld- und Finanzordnung
- Außenwirtschaftsordnung

Wirtschaftssystem

zweitens die Methoden, die die Menschen wählen, wenn sie nach dem ökonomischen Prinzip handeln, nach den jeweiligen Ordnungsbedingungen, den „äußeren und inneren Institutionen" (*Lachmann* 1963; *Schüller* 1983, S. 149 ff.)[2], verschieden sind und

drittens die Wahl der Institutionen und die hierdurch ermöglichten und begrenzten menschlichen Sozialbeziehungen (Transaktionen) von den damit verbundenen Kosten, den *Transaktionskosten*, abhängen.

Die Hypothese des Handelns nach dem ökonomischen Prinzip gewinnt im Hinblick auf die Wahl von Institutionen (choice of rules) und das Handeln im Rahmen von Institutionen (choice within rules) einen neuen analytischen Ausgangspunkt – insbesondere in der Transaktionskostenökonomie und in der ökonomischen Theorie der Verfassung.

Als Kernstück des Wirtschaftssystems wird die *Wirtschaftsordnung* angesehen. Dies geschieht deshalb, weil von ihren wichtigsten Ordnungsformen - der Eigentumsordnung und der Wirtschaftsrechnung - angenommen wird, daß sie wie keine anderen Ordnungsbedingungen das menschliche Verhalten und damit das gesamte Wirtschaftssystem prägen.

Die *Eigentumsordnung*, in der Ordnungstheorie aufgefaßt als Struktur von Planungsrechten, grenzt den tauschwirtschaftlichen Möglichkeitsbereich der Menschen ab. Eigentumsordnung und Planungsordnung drücken den gleichen Sachverhalt aus. Die Eigentums- oder Planungsrechte werden als „archimedischer Punkt" aufgefaßt, von dem aus die Menschen in das wirtschaftliche Geschehen eingreifen und das begründen können, was *Wilhelm Röpke* eine „Tausch-, Preis- und Zahlungsgemeinschaft" als Merkmal einer sozialen Integration genannt hat. In den Property Rights (Handlungs- oder Verfügungsrechten) sieht auch die Neue Institutionenökonomie (vor allem die Transaktionskostenökonomie) ein analytisches Mittel, um das wirtschaftliche Verhalten der Menschen in verschiedenen Wirtschaftssystemen zu erforschen.

Die Wirtschaftsrechnung gilt als rationale Entscheidungsgrundlage für eine knappheitsgerechte Bewältigung der vier (systemindifferenten) gesamtwirtschaftlichen Allokationsaufgaben: *Erstens* - Die *Information* über relative Knappheiten sowohl hinsichtlich des Bedarfs, des Bestandes an wirtschaftlichen Gütern sowie hinsichtlich der potentiellen Produktionsmöglichkeiten für die Knappheitsminderung, *zweitens* - die *Motivation*, sich um bestmögliche Informationen zu bemühen und diese wirkungsvoll zu nutzen, *drittens* - die *Koordination* der daraus hervorgehenden Handlungen und ihrer Anpassung an veränderte Knappheitseinschätzungen und schließlich *viertens* - die *Kontrolle* als notwendige Überprüfung dessen, was bei der Bemühung um Knappheitsminderung angestrebt und erreicht wurde und was dafür aufzuwenden war –

---

[2] Die äußeren Institutionen verkörpern die auf der Verfassung eines Landes beruhende handlungsrechtliche Grundstruktur einer Marktwirtschaft. Die inneren Institutionen sind dagegen die mehr oder weniger spontanen, der wettbewerblichen Selektion unterliegenden handlungsrechtlichen Anpassungsformen an die äußeren Institutionen.

im Sinne eines Erlös- Kosten- Vergleichs als systemumfassende Wirtschaftlichkeits-rechnung.

Demzufolge zeigt die Wirtschaftsrechnung „einen Weg durch die erdrückende Fülle der Möglichkeiten. Sie macht den Wert rechenbar, sie gibt uns damit erst die Grundlagen für alles Wirtschaften mit Gütern unterschiedlicher Ordnungsstufen. Hätten wir keine Wirtschaftsrechnung, dann wäre alles Produzieren mit weiter ausholenden Prozessen .... ein Tappen im Dunkeln". Folglich erhellt die Wirtschaftsrechnung das Dunkel des Wirtschaftsgeschehens. Die Räder des arbeits- und wissensteilenden Wirtschaftens können so sinnvoll ineinandergreifen. Jede moderne Wirtschaft würde „einem sinnlosen Chaos weichen müssen, wenn man sie der Möglichkeit zu rechnen berauben würde" (von Mises 1920/1921, S. 97). Die mit diesem Verständnis von Wirtschaftsrechnung verbundenen Transaktionskosten können – je nach dem Internali-sierungspotential der vorherrschenden Struktur von Eigentums- oder Planungsrechten - so hoch sein, daß bestimmte Transaktionen dem Aufgabenkreis der Wirtschafts-rechnung entzogen sind, die Wirtschaftsrechnung also offen bleibt. Diese sogenannten externen Effekte hat die neue Institutionenökonomie in einer neuartigen systematischen Interpretation zu einem fruchtbaren analytischen Ansatzpunkt ausgebaut.

Die Wirtschaftsrechnung und die Eigentumsordnung als systemprägende Tatbestände sind der rote Faden der folgenden Ausführungen. Warum?

Wie bereits angedeutet, wird angenommen, daß *Eigentumsordnung* und *Wirtschaftsrechnung* je nach ihrer Ausprägung den wirtschaftlichen Handlungs- und Entscheidungsspielraum der Menschen in einer den Charakter des Systems insgesamt prägenden Weise bestimmen. Sie erzeugen so ein Magnetfeld für komplementäre Ordnungsformen im Unternehmensbereich, im Bereich der Geld-, Finanz- und Außenwirtschaft usw. Daraus ergibt sich eine bestimmte Logik der Systementfaltung, zu der die praktizierte *Wirtschaftspolitik* nicht selten im Widerspruch steht, wie die *Neue Politische Ökonomie* systematisch zu erklären versucht.

Aus den drei prinzipiell möglichen Kombinationen von Eigentumsordnungen (Planungs- oder Handlungsrechtsordnungen) und Wirtschaftsrechnungen lassen sich die drei typischen Wirtschaftssysteme A, B und C ableiten – mit jeweils verschiedenen realtypischen Ausprägungen (siehe Abb. 2). Übersichten dieser Art haben gewiß ihre Tücken. Hier sollen damit nur grob die traditionellen und die neuen Perspektiven des Systemvergleichs veranschaulicht werden. *Wirtschaftsordnung* und *Wirtschaftspolitik* sind eng verknüpft mit der *Wirtschafts-* und *Staatsverfassung*, die ihrerseits in einer *sittlich-kulturellen Verfassung* verankert ist. Indem alles Wirtschaften ordnungsbedingt ist, beruht es also unausweichlich auf Wertvorstellungen, Sitten und Gebräuchen, religiösen Bindungen und Weltanschauungen.

In der Neuen Institutionenökonomie wird nun versucht, diese hergebrachte Hierarchie von Ordnungen in ihrer gesamten Verschränkung mit dem Wirtschaftssystem unmittelbar in die ökonomische Analyse einzubeziehen. Hierdurch hat das bisherige Fundament der vergleichenden Systemforschung an Breite und Tiefe

Abb. 2: Typen von Wirtschaftsordnungen

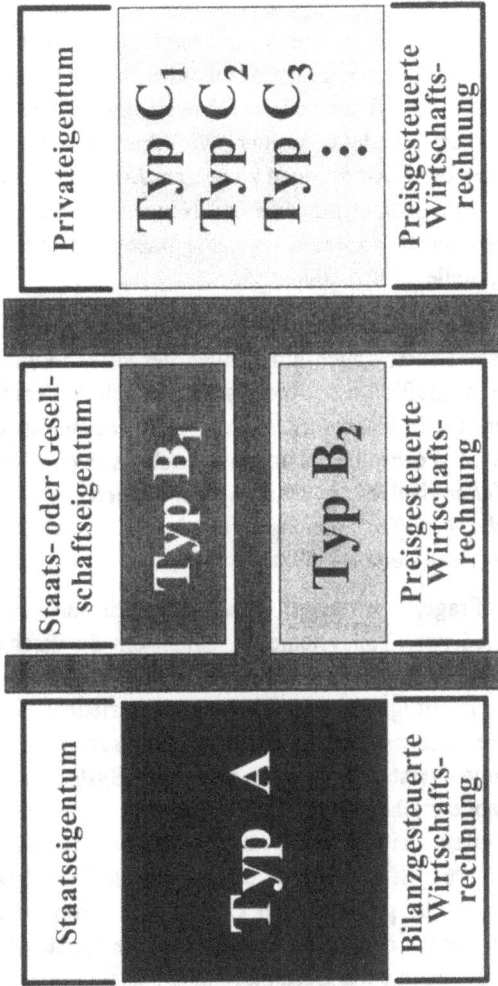

	Staatseigentum	Staats- oder Gesellschaftseigentum	Privateigentum
	Typ A	**Typ B₁**	**Typ C₁** **Typ C₂** **Typ C₃** ...
		Typ B₂	
	Bilanzgesteuerte Wirtschaftsrechnung	Preisgesteuerte Wirtschaftsrechnung	Preisgesteuerte Wirtschaftsrechnung

Typ A: Zentralverwaltungswirtschaft sowjetischen Typs

Typ B: Sozialistische Marktwirtschaft

    Typ B₁: Sozialistische Marktwirtschaft etatistischen Typs

    Typ B₂: Sozialistische Marktwirtschaft partizipatorischen Typs

Typ C: Privatwirtschaftliche Marktwirtschaft

    Typ C₁: Kapitalistische Marktwirtschaft

    Typ C₂: Soziale Marktwirtschaft

    Typ C₃: Wohlfahrtsstaatliche Marktwirtschaft

gewonnen.[3] Die Ordnungstheorie kann in eine größere Zahl von Theoriegebieten hineinwirken, „neues Licht auf alte Fragestellungen werfen" (*Fehl* 1984, S. 769). Die Ökonomen stellen neue Fragen und kommen auf neue Ideen, um die sie bisweilen in den Nachbardisziplinen bewundert, nicht selten aber auch gescholten werden. Dies gilt für die angesprochenen Bereiche der ökonomischen Theorie der Eigentumsrechte (Property Rights-Theorie), der ökonomischen Theorie der Politik, der Bürokratie, des Rechts und der Verfassung sowie der Geschichte.

Die Herausforderung der Ordnungstheorie durch die neue Institutionenökonomie ist in Marburg seit den 70er Jahren als Chance aufgefaßt worden, beide Denkmuster mit ihren sich ergänzenden Strukturen zu erkennen und für ein besseres Verständnis der Ordnungsbedingtheit menschlichen Handelns in der Wirtschaft auf der Grundlage konkurrierender Ordnungsformen oder Institutionen zu nutzen. *Erich Hoppmann* (1995, S. 41 ff.) hat für die Synthese von Ordnungstheorie und Neuer Institutionenökonomie die Bezeichnung „*Ordnungsökonomik*" vorgeschlagen. Sie paßt gut zur traditionellen Markenidentität der Forschungsstelle.

Diese Verknüpfung kann unsere Kenntnis der institutionellen Architektur von Gesellschafts- und Wirtschaftssystemen - auch hinsichtlich der sittlich-kulturellen und religiösen Einflüsse auf das wirtschaftliche und politische Handeln – verbessern. Die aktuellen Krisenerscheinungen in Rußland, in Afrika, Südostasien, aber auch in Deutschland legen es nahe, diesen Wechselbeziehungen – durchaus in der Denktradition von *Max Weber und Alfred Müller-Armack, in* Marburg von *Wilhelm Röpke bis Hans-Günter Krüsselberg* und *Eberhard Dülfer* - gleichsam durch institutionenökonomische Tiefenbohrungen nachzugehen (siehe *Leipold* 1998a, S. 15ff.).

Im Hinblick auf die Frage, inwieweit das unentwirrbar erscheinende Ineinandergreifen der verschiedenen Teilsysteme systematisch durchschaubar und begreifbar gemacht, gleichsam auf logisch zwingende Erklärungszusammenhänge zurückgeführt werden kann, ist folgendes in Betracht zu ziehen: Gewachsene Ordnungen sind immer verwoben mit gesetzten Ordnungen. Nicht selten wird es nur aus der Perspektive einzelner Personen verständlich, wenn bestimmte Systementwicklungen entstehen, weitergeführt oder abgebrochen werden. So verleiht der menschliche Faktor „jedem gesellschaftlichen System einen mehr oder weniger hohen Grad an Unbestimmtheit..." (*Willgerodt* 1961, S. 64). Hierdurch entstehende Fehlentwicklungen – im Bereich der gesetzten oder der gewachsenen Ordnungen – können als solche wiederum nur erkannt und beurteilt werden, wenn eine prinzipielle Vorstellung von der Logik der Systementfaltung im Rahmen einer Gesamtordnung besteht.

---

[3] Die traditionellen Ansatzpunkte für den konkreten Systemvergleich beziehen sich auf folgende Frage: Wie bewähren sich die drei Typen mit deren jeweils unterschiedlicher Ausprägung im Wettbewerb, etwa hinsichtlich der großen Ziele der Wirtschaftspolitik – Geldwertstabilität, wirtschaftliches Wachstum in Verbindung mit dem Innovationspotential bestimmter Wirtschaftssysteme, des Verbrauchs an Umweltgütern, des Zieles der Beschäftigung, der sozialen Sicherung, des außenwirtschaftlichen Gleichgewichts usw. (*Jansen* 1982; *Schüller/Leipold/ Hamel* 1983).

3. Der Wettkampf der Systeme

Die erste anwendungsorientierte Herausforderung für die Ordnungstheorie und die vergleichende Systemforschung in Marburg war nach dem II. Weltkrieg die Teilung Deutschlands. Die in der Bundesrepublik Deutschland und in der DDR realisierten Systeme, die Soziale Marktwirtschaft und die Sozialistische Planwirtschaft, boten einen geradezu dramatischen Anschauungsunterricht für den Vergleich (*Hamel* 1989; *Schüller* und *Weber* 1998, S. 367ff.) - bei jeweils ähnlichen Ausgangsbedingungen. Die DDR war für die Sowjetunion in vorderster Linie ein Kampffeld für die Demonstration und Durchsetzung sozialistischer Ordnungsvorstellungen in der Welt[4]; das rechtfertigt die Überschrift dieses Kapitels.

Vor 40 Jahren bestanden erhebliche Meinungsverschiedenheiten hinsichtlich der Leistungsfähigkeit des Typs A, wie er in der UdSSR und in der DDR bis zur Wende realisiert war, und den westlichen C-Typen. Vielfach wurde Typ A eine beachtliche Überlegenheit bescheinigt – etwa hinsichtlich der Freiheit von Inflation und Arbeitslosigkeit, von Konjunkturen und Krisen, bezüglich des Umweltschutzes, der Entfremdung des Menschen in der Arbeitswelt und seiner sozialen Sicherheit. Und in einer Wirtschaftsplanung nach sowjetischem Vorbild wurde das geeignete Rezept für einen schnellen wirtschaftlichen Wiederaufbau und für die Lösung der Probleme der Dritten Welt gesehen.

Was die UdSSR und die DDR auf politisch präferierten Gebieten erreichten, erschien vielen Zeitgenossen auch in Westdeutschland als beispielhaft und nachahmenswert. Dabei geschah dies auf Kosten der Entwicklung der übrigen Wirtschaftsbereiche und eines vorsorglichen Umgangs mit dem Human- und Sachvermögen.[5] Diese Kosten wurden als Preis für den punktuellen Fortschritt verbucht. Das punktualistische Denken in der Wirtschaftspolitik hat bis heute auch in Deutschland Tradition, wie zu zeigen sein wird.

Zurück zu meinem roten Faden: Die A-Typen sind unter anderem an der praktischen Unmöglichkeit gescheitert, einen knappheitsgerechten (rationalen) Rechnungszusammenhang herzustellen. Insofern hat *Ludwig von Mises* mit seinem „Unmöglichkeitstheorem", wenn dieses als Erkenntnis der empirischen Undurchführbarkeit gedeutet wird, Recht behalten (*von Mises* 1932/1981, S. 188; *Freyn* 1985; *Watrin* 1996, S. 48ff.).

---

[4] *Hans Herbert Götz* schrieb 1978 in einer Besprechung des von *Hannelore Hamel* herausgegebenen Bandes mit einer Sammlung von Aufsätzen aus der Feder von *K. Paul Hensel* „Systemvergleich als Aufgabe (1977)": „Je intensiver und dramatischer der Wettstreit der Systeme weltweit wird, desto deutlicher wird, was die „Freiburger" für den Systemvergleich als Methode geleistet haben. Erfreulicherweise gibt es – und zwar nicht mehr an der Freiburger Universität, aber in Marburg vor allem – Gruppen von Wissenschaftlern, die hier erfolgreich weiterarbeiten" (FAZ vom 2. 4. 1978).

[5] Auch der seinerzeit verbreitete „kindliche Alternativradikalismus" („die Marktwirtschaft hat Fehler, also ist die Marktwirtschaft abzuschaffen", siehe hierzu kritisch *Meyer* 1968, S. 100) ist nur vor dem Hintergrund des Glaubens an eine günstigere Perspektive des A-Typs im Wettkampf der Systeme und an die Fähigkeit dieses Typs verständlich, die C-Typen über ausgedehnte Wirtschaftsbeziehungen zu stabilisieren.

An dieser Stelle kann nicht auf die grundlegenden Beiträge von *Hensel* (1959) und *Gutmann* (1965) zur Rechnungsdebatte eingegangen werden; sie werden den Studenten im Grundstudium in der Vorlesung „Ordnungstheorie" vermittelt. Die Lösung mit Hilfe der naturalen Bilanzmethode hat nichts mit dem realtypischen Programm der sozialistsichen Ordnung zu tun, wie *Hensel* selbst im Vorwort seiner „Theorie der Zentralverwaltungswirtschaft" schreibt. Im Gegenteil: Im Rechnungszusammenhang realtypischer Zentralverwaltungswirtschaften stellt *Hensel* (mangels einer konsistenten Preisrechnung) tiefgreifende Brüche fest , die letztlich auch nicht durch noch so fein von der Zentrale ausgetüftelte Ersatzverfahren der Information, Motivation, Koordination und Kontrolle - etwa in Verbindung mit Instrumenten der „wirtschaftlichen Rechnungsführung"[6] - geheilt werden konnten.

Das mangels dezentraler Zuordnung der Eigentumsrechte und mangels der Möglichkeit des freien Tauschs und der freien Preisbildung aller der menschlichen Wertschätzung unterliegenden Güter praktisch unlösbare Problem der Wirtschaftsrechnung im Sozialismus ist in seiner Tragweite für die (Un-)Logik der zentralver--waltungswirtschaftlichen Systementfaltung vielfach unterschätzt worden. Der Versuch, dem daraus zwangsläufig resultierenden punktualistischen Interventionismus mit Hilfe einer Kombination von hochaggregierter güterwirtschaftlicher Bilanzierung und preislicher Steuerung per Hand ersatzweise so etwas wie eine *systematische* Rechnungsgrundlage zu geben, endete in einer Welt von mikro- und makroökonomischen Fiktionen bzw. in dem, was *Ludwig von Mises* das „geplante Chaos" genannt hat.

Warum ist das Problem der *Wirtschaftsrechnung* auch weiterhin eine Herausforderung für die Ordnungstheorie?

Das Denken in systemspezifischen Rechnungszusammenhängen (sei sie plan- und bilanzgestützt oder auf Marktpreisen beruhend) bietet einen unverzichtbaren Ansatzpunkt, um der *Transaktionskostenökonomie,* einem - wie schon angedeutet - Teilgebiet der neuen Institutionenökonomie, ein für den Systemvergleich tragfähiges Fundament zu geben, einmal für die Auswahl und die Gestaltung von *inneren* Institutionen, zum anderen um die institutionellen Konsequenzen von verschiedenartigen Brüchen im Rechnungszusammenhang systematisch zu analysieren (siehe *Schüller* 1986, S. 131ff.; *Leipold* und *Schüller* 1986, S. 3ff.; *Leipold* 1987, S. 53ff.). Die Arbeiten der Forschungsstelle hierzu zeigen z. B., daß es in der Vielfalt und der Verschiedenheit der Unternehmensordnungen eine Einheit in ihrem Ursprung, ihrer Zwecksetzung und in ihrem Funktionsvollzug gibt, die es erlaubt, zu einer *systemübergreifenden* Unternehmenserklärung zu gelangen und damit dem Anspruch näherzukommen, eine allgemeine (*systemindifferente*) Theorie vom Wirtschaftsleben zu entwickeln. Im übrigen bestätigen die Erkenntnisse der transaktionskostenanalytischen und der preistheoretischen Ansätze der Unternehmenserklärung eindrucksvoll die Auffassung von *Walter Eucken* (1939/1950, S. 237*)*, wonach die „Abspaltung der Betriebswirtschaftslehre von der Nationalökonomie nicht aufrechterhalten werden

---

[6] Siehe *Hensel* (1972/1992, S. 134ff.; 1977, S. 173ff.) und *Barthel* (1990).

kann...", weil „Aufbau und Führung der Betriebe ... nur im Rahmen der Wirtschaftsordnung und des gesamten Wirtschaftsablaufs verstanden werden (können)". Deshalb, so folgert *Eucken*, „kommen alle wissenschaftlichen Betriebswirte mit Notwendigkeit in die Untersuchung der Wirtschaftsordnungen und die verkehrswirtschaftlichen Gesamtzusammenhänge hinein".

Zur Hinterlassenschaft der sozialistischen Länder gehören Menschen, die in rechnungsmäßiger Hinsicht gleichsam in einem „Königreich der Zerrspiegel" gelebt und sich an ein Wirtschaften im Nebel gewöhnt hatten. Die Unkenntnis über die Wirkungsweise freier Preise und die darauf zurückzuführende Preisangst[7] sind nach wie vor weit verbreitet, zumal wenn Politiker sich die Preisangst der Bevölkerung zunutze machen und – unabhängig von den Marktgegebenheiten und der steuerlichen Belastbarkeit der Wirtschaft – Preis- und damit Einkommensgewißheit versprechen, ohne für die Folgen ihres Tuns letztlich verantwortlich gemacht werden zu können; denn Politiker können es sich wegen der komplexen Wirkungszusammenhänge ihres Handelns eher leisten, ihre Wähler zu enttäuschen, als Firmen ihre Kunden (*Demsetz* 1983, S. 79ff.). Je mehr der Wettbewerb der Systeme (siehe Kapitel 5.) diese „rationale Ignoranz" erschwert, desto mehr ist mit verstärkten Neigungen und Anreizen der Politiker zu rechnen, diesen Wettbewerb zu beschränken. So befinden sich die Mitglieder der EU in einem Wettbewerb der wirtschaftlichen Standorte, dem sie sich nicht mehr im Alleingang, wohl aber gemeinsam entziehen können, und zwar dadurch, daß die wettbewerblich-marktwirtschaftliche Integrationsmethode durch den politischbürokratischen Integrationsweg (*Schüller* 1994a, S. 84ff.) verdrängt wird. Hierbei wird der Integrationsprozeß nach dem Bedarf normativer Vorgaben von oben zu organisieren versucht. Nicht nur der Weg an sich, sondern auch die Art, wie er zu beschreiten ist, wird teilweise vorgegeben:

Erstens durch eine weitgehend organisierte Harmonisierung aller Politikbereiche, die damit dem „Wettbewerb der Systeme" entzogen werden;

zweitens durch Regulierungen, Quotierungen und Subventionen für ausgewählte Wirtschaftsbereiche, denen eine integrationspolitische Vorreiterrolle zugeschrieben wird; damit wird die Vorstellung von „Einheitsmärkten" (statt „gemeinsamen Märkten") verbunden;

drittens durch suprastaatliche Maßnahmen des Ausgleichs regionaler und sektoraler Unterschiede; dies ist das Anliegen der Kohäsions-, Struktur-, Regional- und Industriepolitik;

viertens durch industriepolitisch motivierte Punktualisierung der Wettbewerbspolitik (hiermit wie auch mit den vorher genannten Punkten ist häufig eine protektionistische, preisbeschränkende und -verzerrende Marktlenkung verbunden;

---

[7] Die Preisangst der Bevölkerung hat eine lange Tradition. Noch Anfang des vorigen Jahrhunderts wurden in vielen Städten die Brote verkleinert, anstatt die Preise zu erhöhen.

fünftens durch Beseitigung der innergemeinschaftlichen Konkurrenz in ausgewählten Bereichen der Wirtschafts- und Sozialpolitik.

So sind die Politiker des Wohlfahrtsstaates mit Hilfe von Verbandsmacht bestrebt, bestimmte im internationalen Wettbewerb gefährdete „sozialstaatliche Errungenschaften" auf EU-Ebene unabhängig von der unterschiedlichen Produktivitätslage der Mitgliedsländer zu sichern. Um den damit verbundenen weitgehenden staatlichen Dirigismus mit weitgehender Verletzung grundlegender Knappheitsregeln, mit anreizwidrigen Durchbrechungen des rechnungsmäßigen Zusammenhangs von Entscheidung, Nutzung und Haftung zu legitimieren, wird versucht, diese Errungenschaften in den Rang einer höheren (eigenständigen) moralischen Wertigkeit zu erheben.

Angesichts einer Vielzahl unsystematischer punktueller Eingriffe[8] in das Wirtschaftsgeschehen, wie sie in Transformationsökonomien, aber auch in heutigen Wohlfahrtsstaaten, Schwellen- und Entwicklungsländern zu beobachten sind, bleiben die Rechnungsdebatte im allgemeinen und die Analyse von einfachen und komplizierten Brüchen im Rechnungszusammenhang im besonderen auch weiterhin von hoher Aktualität für die vergleichende Systemforschung (siehe *Schüller* 1998).

Hinsichtlich der *Eigentumsrechte*, dem anderen analytischen Mittel der Ordnungsökonomik, ist an folgendes zu erinnern: Bis weit in die 70er Jahre hinein beherrschte die Antithese „Privateigentum versus Kollektiveigentum" das wirtschaftspolitische Denken. Von der Verstaatlichung oder Vergesellschaftung des Produktionsmitteleigentums wurde - meist in Verbindung mit Vorstellungen von einem Dritten Weg - die Lösung der wichtigsten Probleme der Gesellschaft erwartet.

Die Ordnungstheoretiker haben von Anfang an in der Eigentumsfrage eine sehr *differenzierte*, ja - gemessen an der modernen Theorie der Property Rights (Eigentums- oder Handlungsrechte) - eine geradezu avantgardistische Position eingenommen: differenziert insofern, als erkannt wurde, daß bestimmte Eigentumsformen je nach der wirtschaftlichen Gesamtordnung, auch je nach dem Typ C, ganz Verschiedenes bedeuten können. Daraus erklärt sich *Euckens* Plädoyer: Die Eigentumsfrage ist nicht länger isoliert, sondern im Zusammenhang mit der Aufgabe der Ordnungspolitik neu zu stellen und im Hinblick auf den ökonomischen Inhalt von Planungs- oder Handlungsrechten im Lichte einer adäquaten Theorie zu beantworten.

Die ökonomische Theorie der Eigentumsrechte ermöglicht dies. In allen Fällen bilden die Planungs-, Eigentums- oder Handlungsrechte den „archimedischen Punkt", von dem alle wirtschaftlichen Tauschbeziehungen ihren Ausgang nehmen. Daß in dieser Verknüpfung eine große Bereicherung der systemvergleichenden Forschung liegt, wurde in zahlreichen Arbeiten gezeigt, die in und im Umkreis der Forschungsstelle

---

[8] Die damit entstehenden Teilbürokratien mit abgesonderten Rechts- und Verwaltungssystemen haben - prinzipiell ähnlich wie bei den Typen A und B - einen Bedarf an permanenter kompensierender Regulierung. Diese eröffnet vielfältige Möglichkeiten für diskretionär-dirigistische Einzeleingriffe, die dazu führen, daß die Wirtschaftspolitik zunehmend „verinselt" und zuvorderst in den Dienst der Erhaltung und des Ausbaus der jeweiligen Interventionsmacht gestellt wird.

entstanden sind.[9] Die Property Rights-Theorie vermag nach *Meyer* (1983, S. 18) völlig werturteilsfrei zu erklären, welche Art der Ressourcennutzung unter bestimmten Ordnungsbedingungen – z. B. den Wirtschaftssystemen des Typs A, B oder C – zu erwarten ist, „ohne diese Nutzung selbst von irgendeinem ‚höheren' Standpunkt aus bewerten zu müssen". Auf der Grundlage durchaus realitätsnaher mikroökonomischer Annahmen können hierdurch unterschiedliche eigentumsrechtliche Handlungsbedingungen vorurteilsfrei vergleichend beurteilt werden – etwa im Hinblick auf das Neuerungs-, Investitions- und Beschäftigungsverhalten der Unternehmen in unterschiedlichen Wirtschaftssystemen.

Auch für eine nüchterne analytische Beurteilung *Dritter Wege* im Sinne von marktsozialistischen Ideen für eine Transformation von Typ A oder C in einen Typ B erweist sich der Ansatz der Property Rights-Theorie als außerordentlich hilfreich. Die mit dem ersten Transformationsmuster verbundenen Konsequenzen für die Aufgaben eines Allokationssystems wurden in der Forschungsstelle systematisch herausgearbeitet – beginnend mit dem aufsehenerregenden Buch „Die sozialistische Marktwirtschaft in der Tschechoslowakei" (*Hensel* und Mitarbeiter 1968), fortgeführt mit Arbeiten über konkrete B-Typen – etwa im Hinblick auf die *NÖS*-Reform in der DDR (*Hensel* 1977), über das „Bruttoeinkommensprinzip und öffentliches Eigentum" (*Gutmann* 1968, S. 257ff.), über die „Arbeiterselbstverwaltung in Jugoslawien" (*Hamel* 1974) oder allgemein über „Sozialistische Marktwirtschaften" (*Leipold* 1975) bis hin zu der Schrift „Does Market Socialism Work"? (*Schüller* 1988a).

Die Deformationen und Instabilitäten des Marktsozialismus, so die Ergebnisse dieser Arbeiten, sind nicht so sehr - wie bisweilen angenommen wird - in den politisch bedingten Ordnungsrestriktionen begründet; sie folgen vielmehr zwangsläufig aus der konstruktivistischen Mischung von Kollektiveigentum[10] und preisgesteuerter Wirtschaftsrechnung. Es mangelt diesen Ordnungen an einer dominierenden Lösung der Allokationsaufgaben. Marktsozialistische Systeme neigen deshalb zu schwerfälligen und verantwortungsscheuen Verhandlungslösungen. Die gegensätzlichen Interessen lassen sich oft nur durch Kompromißlösungen mit Wirkungen überbrücken, die zu Lasten Dritter gehen, als solche also negative externe Effekte darstellen. Daraus wiederum erklärt sich der starke Hang zu Entscheidungen, die wettbewerbsbeschränkenden Charakter haben, beschäftigungsfeindlich und inflatorisch wirken.

Diese Feststellung bleibt gerade auch für das wiedervereinigte Deutschland aufschlußreich, und zwar allein schon unter folgendem Gesichtspunkt:

Mit dem Beschäftigungsproblem scheint in Ostdeutschland (mehr als in anderen Transformationsländern) die Neigung zu wachsen, die Verhältnisse in der DDR nachträglich zu verklären: „In der DDR gab es auch beachtliche soziale und kulturelle Leistungen und interessante Formen des Zusammenlebens von Menschen", meinte der

---

[9] Siehe *Leipold* (1978; 1983a,b; 1987); *Hamel/Leipold* (1979); *Meyer* (1983); *Schüller* (1978; 1983a; 1987; 1988b).

[10] Zu den Defekten des Kollektiveigentums siehe *Hamm* (1961; 1992, S. 139-156).

Alterspräsident Stefan Heym bei der Eröffnung des 14. Deutschen Bundestages am 26. Oktober 1998.

Auch sonst wird im politischen Prozeß versucht, die Ausgangsbedingungen zum Zeitpunkt der Wende in ein besseres Licht zu rücken und die schwierigen Übergangsprobleme zu übertreiben, was bei der nunmehr offen zutage getretenen Arbeitslosigkeit im Vergleich zu der früher versteckten Unterbeschäftigung relativ leicht ist. Das politische, wirtschaftliche und soziale Desaster wird weniger auf die Mängel des Systems als vielmehr auf die Unfähigkeit der verantwortlichen Politiker von damals zurückgeführt. Die „richtigen Leute" an den Schalthebeln der Macht hätten es verstanden, rechtzeitig auf einen „Dritten Weg" einzuschwenken und diesen Kurs erfolgreich zu steuern.

Tatsächlich unterliegen aber die entsprechenden Lenkungstechniken nachweislich in ganz ungewöhnlichem Maße dem Gesetz des abnehmenden Ertrags; deshalb hätte Westdeutschland in erheblichem Maße für die Kosten (einschließlich der Belastung aus massenhaften Übersiedlungsansprüchen) aufkommen müssen – und das mit ordnungspolitisch gebundenen Händen. Wer beklagt, daß das irrige Menschenbild und Staatsverständnis des Sozialismus, die daraus entstandene Verletzung der menschlichen Grundrechte und die Funktionsunfähigkeit des Wirtschaftssystems der DDR verharmlost werden und daß diese Art von Legendenbildung in der Öffentlichkeit weithin gelassen oder gar mit Verständnis hingenommen wird, sollte herausgefordert sein, die Erkenntnisse der systemvergleichenden Forschung lebendig zu halten und zu vermitteln.

4. Systemwandel und Systemwechsel

4.1. Eine neue Herausforderung für die Ordnungstheorie

Die ehemaligen Länder des A- und B-Typs sind bestrebt, ein C-Land und mehr oder weniger weitgehend in die weltwirtschaftliche Arbeitsteilung und europäische Integration einbezogen zu werden. Dem Systemwechsel ist ein jahrzehntelanger System*wandel* vorausgegangen. Hiermit hat sich die Forschungsstelle in verschiedener Hinsicht vergleichend beschäftigt – so mit Konvergenzfragen, dem Phänomen der Reformzyklen (*Hensel* 1970; 1977, S. 173ff.), dem Einfluß, der von den Wirtschaftsbeziehungen mit dem Westen, dem sogenannten Osthandel (*Schüller* 1973; *Schüller* und *Wagner* 1980), den westlichen und den östlichen Wirtschaftsgemeinschaften (EG und RGW) sowie vom Welthandelsabkommen (GATT) und von den Internationalen Finanzinstitutionen (IWF und Weltbank) ausging (*Gröner* und *Schüller* 1978; 1990, S. 72ff.; 1989, S. 429ff.; *Koch* 1986; *Schüller* und *Hamel* 1995, S. 2692ff.).

In dieser Tradition stehen Arbeiten über spezifische Bestimmungsgründe des Niedergangs und des Aufstiegs von Systemen – so über den Einfluß der monetären Ordnung (*Wentzel* 1995), den sektoralen Punktualismus (*Heimann* 1997), über alternative Methoden des Zahlungsbilanzausgleichs (*Weber* 1995), den Einfluß des Systemwandels in West- und Ostdeutschland vor der Wende auf die Umstände des wirtschaftlichen Zusammenwachsens in Deutschland (*Schüller* 1994b, S. 207ff.; *Schüller* und *Weber* 1998, S. 367ff.).

Was den *Systemwandel* anbelangt, wird in der Literatur bisweilen der Eindruck vermittelt, in dieser Hinsicht habe der Erkenntnisfortschritt eigentlich erst mit der neueren Institutionenökonomie begonnen. Bei genauerem Hinsehen wird man feststellen, daß manche Begriffe, die im Zusammenhang mit der Analyse des Wandels von Ordnungen in jüngerer Zeit aufgekommen sind (im folgenden in Anführungszeichen gesetzt), sich auf Sachverhalte beziehen, die unter anderen Bezeichnungen auch in der Ordnungstheorie eine Rolle spielen. Dies gilt etwa für die ordnenden Kräfte („Koordinatoren"), die Vorstellung von der Bewegung, die ihrer eigenen Strömung folgt, der Bindungskraft oder dem Beharrungsvermögen (der „Pfadabhängigkeit") früherer Ordnungsentwicklungen und -entscheidungen, für die Logik der Systementfaltung („Stabilität") von Ordnungen, die Ursachen und Konsequenzen ihres Verfalls oder ihrer Gabelung („Bifurkation") unter dem Einfluß punktueller Eingriffe („Lock-in-Effekte") und dadurch ausgelöster Interventionsspiralen und Transformationsprozesse. Dies gilt schließlich aber auch für bestimmte andere ordnungspolitische Umstände („kritische Parameterkonstellationen"), die einen ständigen Zwang zur Reform, einen Transformationsdruck oder gar einen Zusammenbruch von Ordnungen (Institutionen) verursachen. Es trifft gewiß zu, daß die von *Eucken* inspirierte Ordnungstheorie für das Problem des Systemwandels über keine umfassende und systematische Analyse verfügt. Die Frage ist: Wird die Neue Institutionenökonomie einem solchen Anspruch gerecht?

Vorauszuschicken ist, daß sich diejenigen, die vom ordnungstheoretischen Ansatz ausgehen, zum Wandel von Wirtschaftssystemen in vielfältiger Weise geäußert haben, wobei sie annehmen, daß ökonomische Sachverhalte (z. B. Verknappungserscheinungen) zu einer institutionellen Änderung führen können, es aber nicht müssen. Deshalb geben sie sich mit einer engen ökonomis(tis)chen Erklärung des institutionellen Wandels nicht zufrieden. Soweit dabei der Evolutionsgedanke eine Rolle spielt, wird dieser bevorzugt in Verbindung mit dem gesamten sozialen und kulturellen Lebensprozeß (siehe Abb. 1) in Betracht gezogen. Nach *Walter Eucken* (1939/1950, S. 51ff.) sind die grundlegenden marktwirtschaftlichen Institutionen, wie wir sie heute kennen, in vielen Staaten der Antike und der Neuzeit mit der Staatsverfassung „gewachsen". Erst die klassische Nationalökonomie habe diese Institutionen bewußt entwickelt, um die großen Wirtschaftsreformen an der Wende vom 18. zum 19. Jahrhundert und in der ersten Hälfte des 19. Jahrhunderts zu verwirklichen. Seit dieser Zeit seien die nach einem Gesamtplan konzipierten „gesetzten" Ordnungen auf dem Vormarsch. Es ist nicht zu bestreiten, daß mit dieser Feststellung das Verhältnis von gewachsener (spontaner) Ordnung und gesetzter Ordnung – besonders mit Blick auf die aktuelle Problematik des Systemwechsels – auch nicht annähernd als geklärt angesehen werden kann.

Was können wir aber in dieser Hinsicht von der neuen Institutionenökonomie lernen? *Douglass C. North* (1990), der vor allem für seine Lehre vom institutionellen Wandel mit dem Nobelpreis für Wirtschaftswissenschaften ausgezeichnet worden ist, sieht im

Wandel der Ordnungen, insbesondere der Handlungsrechtsstrukturen, ebenfalls einen gesellschaftlichen Prozeß, in dem es darum geht, bei veränderten Knappheitsverhältnissen (etwa infolge einer Bevölkerungszunahme) oder anderweitig begründeten Veränderungen in den Kosten-Nutzen-Relationen (z. B. durch steigende Transaktionskosten) das Internalisierungspotential der vorherrschenden Property Rights-Struktur durch deren Reform zu vergrößern. Von diesem inneren Druck zum institutionellen Wandel werden ökonomische Wirkungen erwartet, die als geeignet angesehen werden, entsprechende Reformen auf der politischen Verfassungsebene hervorzurufen. Nun ist aber immer wieder zu beobachten, daß sich im Wandel der Ordnungen häufig nicht die besten Lösungen durchsetzen, weil es Politiker, Staatsbedienstete und Vertreter von Gruppeninteressen gibt, die davon Nachteile erwarten und sich der Reform widersetzen. *North* hat deshalb seine ursprünglich enge ökonomische Sicht des institutionellen Wandels erweitert, einmal durch Beachtung der Kalküle staatlichen Handelns im Sinne der Public-Choice-Theorie, zum anderen durch Berücksichtigung ideologischer Einflüsse. Damit tut sich allerdings ein weites Feld bis hin zu Einschätzungen auf, nach denen die gestaltende und ordnende Kraft der verantwortlichen Menschen auf der Basis ihrer sittlich-kulturellen Grundeinstellung und ihrer davon bestimmten politisch-moralischen Willens- und Überzeugungskraft für Art und Reichweite des institutionellen Wandels wichtig ist.

Freilich lohnt es sich durchaus, den Zugewinn an Erkenntnis durch eine ökonomische, am Transaktionskostenkalkül orientierte Analyse des Systemwandels festzuhalten: Je weniger dieser Wandel der Politik des Staates und ideologischen Einflüssen unterliegt, desto mehr ist dieser Vorgang einer schlüssigen theoretischen Analyse zugänglich. Geht dagegen der Wandel „durch die Politik des Staates hindurch" (*Eucken* 1939/1950, S. 156f.) (und das dürfte nicht selten sein), wird die Rückwirkung einer ökonomischen Datenänderung auf die Institutionenentwicklung eher als eine mittelbare anzusehen sein. Um so mehr wird man weiterhin mit *Eucken* feststellen können, daß sich der Wandel von Ordnungen einer vollständigen theoretischen Analyse entzieht; sie vermag höchstens anzudeuten, in welche Richtung dieser gehen könnte. Nicht viel anders heißt es bei *North* (1999, S. 78): „...die Richtung, in die wir gehen, wird sich erst aus den Erfahrungen von morgen ergeben und aus den Lehren, die wir daraus ziehen, aus einem Wissen also, das wir zweifellos heute noch nicht besitzen".

Sowohl aus der Sicht der Ordnungstheorie als auch aus der Perspektive der neuen Institutionenökonomie ist festzuhalten: Die geistig-politischen Neuorientierungen im Osten mit zum Teil systematischen, zum Teil punktuellen Vorstellungen und Bestrebungen zum Umbau der Gesellschafts- und Wirtschaftssysteme sind dem Stand der wirtschaftswissenschaftlichen Forschung weit vorausgeeilt. Zu wenig ist vor allem mit Blick auf die politischen Prozesse bekannt, wie die Menschen - etwa im Übergang zur Marktwirtschaft - auf die neuen Ordnungschancen reagieren und welche neuen Verhaltensmuster sich entwickeln. Erhebliche Theorie- und Forschungsdefizite wurden nach 1989 offenkundig. Sie haben unter anderem den Anstoß zur Gründung des *Max-Planck-Instituts zur Erforschung von Wirtschaftssystemen* in Jena gegeben, dem ersten wirtschaftswissenschaftlichen *Max-Planck-Institut* überhaupt, an dessen wissenschaftlicher Konzeption ich mitwirken durfte.

Das in Marburg gepflegte Denken in Ordnungen mit dem Versuch, die mannigfaltigen Ordnungsformen auch bei unterschiedlichen historisch-kulturellen und politischen Voraussetzungen sinnvoll zu einem Ganzen zusammenzufügen, hat nach 1989 angesichts der dringenden Notwendigkeit, für die ehemals sozialistischen Länder die fehlende funktionsfähige und menschenwürdige Ordnung der Wirtschaft, der Gesellschaft und des Staates sowie Wege für ihre Integration in die Weltwirtschaft zu finden, eine erfreuliche Anerkennung erfahren. Wir haben uns nicht nur intensiv in die Transformationsforschung eingeschaltet, sondern auch direkt, gleichsam vor Ort, zu helfen versucht – mit Lehrveranstaltungen, Vorträgen, Beratungen, Evaluierungen, der Mitwirkung in universitären Gründungs- und Berufungskommissionen, gemeinsamen Seminaren und Publikationen – nicht nur in Ostdeutschland, sondern auch in Slowenien, im Baltikum, in Polen, in Rußland und in der Ukraine.

Es hat sich die These von *Eucken* (1952/1990, S. 372) bestätigt, nach der vor allem in Zeiten versagender oder ungerechter Ordnungen die Idee des *ORDO* „regelmäßig eine große Kraft (gewinnt). Die Absurdität der konkreten Zustände gibt den Anstoß dazu". Die politisch Handelnden neigen überall dazu, in der Wissenschaft nur das zu sehen, was der Laternenpfahl dem Betrunkenen bietet, wenn er die Orientierung nicht völlig verloren hat. Ist es deshalb ein minderwertiges oder rückständiges Verständnis von Wissenschaft, wenn in der Ordnungstheorie – in Verbindung mit den analytischen Mitteln der neuen Institutionenökonomie – das gemacht wird, was sich wohl auf andere Weise nicht erschließt – nämlich die Bemühung um Denkstrukturen, die offen sind und offen gehalten werden können für eine Hierarchie von Ordnungen, aus der eine Verfassung der Freiheit hervorgehen kann? Muß die Wissenschaft, wie *Krüsselberg* (1989, S. 238) bemerkt, die Menschen nicht für den Wert solcher Denk- und Handlungsstrukturen sensibilisieren und versuchen, vor allem das ordnungstheoretische und –politische Denken der führenden Schichten der Zukunft zu formen? Wenn sich die Wissenschaft dieser Aufgabe versagt, so entsteht ein verhängnisvolles Vakuum, in das Funktionäre, anarchistische, politische und wirtschaftliche Machtgruppen und Ideologien drängen (*Eucken* 1952/1990, S. 342).

Wie wichtig eine Vorstellung von wirtschaftlichen Gesamtzusammenhängen und die zündende Kraft des wissenschaftlichen Gedankens sein kann, sei an zwei Beispielen erläutert:

4.2. Erfahrungen

4.2.1. Der Systemwechsel in Polen

Die letzte kommunistische Regierung unter Ministerpräsident *Rakowski* hat 1989 das Blatt nicht zum Besseren wenden können, im Gegenteil: Aus Selbsterhaltungsgründen gab sie völlig überzogenen Lohnforderungen der Arbeiter und der Gewerkschaften nach und löste so eine beschleunigte Lohn-Preis-Spirale mit extrem hohen Inflationsraten aus. Es war zu befürchten, daß die einmal in Gang gesetzte Inflation nach Erfüllung der eigentlichen Aufgabe der Anpassung der Preise an das vorhandene Geldvolumen eine schwer zu bändigende Eigendynamik gewinnen würde. Wegen der damit verbundenen ungünstigen sozialen Auswirkungen bestand die Gefahr des Abbruchs der Transformationspolitik.

Gleichzeitig wurde der bürgerlichen Opposition vorgeworfen, kein Reformprogramm zu haben. Als dann die erste bürgerliche Regierung *Mazowiecki* mit Finanzminister *Balcerowicz* an die Macht kam, hat sie den Kommunistenchef rasch eines Besseren belehrt. Ihr Programm umfaßte die Inflationsbekämpfung, die Umgestaltung der Eigentumsverhältnisse, die Monopolbekämpfung, die Reform des Banken- und Finanzsystems, die Entwicklung des Kapitalmarktes, die Reform der sozialen Sicherung, die Privatisierung, Deregulierung und Liberalisierung des Außenhandels – es liest sich wie ein ordnungstheoretisch inspiriertes Kursbuch für die systematische Überleitung des chaotischen Punktualismus in eine Marktwirtschaft. Das geschah nicht von ungefähr.

Balcerowicz wußte aus seiner Kenntnis der deutschen Ordnungstheorie, auch durch seine engen Kontakte zu Marburg und zum *Radeiner Forschungsseminar*, daß die 1989 wiedergewonnene politische Freiheit erfolgreich nur mit einer grundsätzlich marktwirtschaftlichen Ordnung genutzt werden konnte, nicht mit einem „Dritten Weg", mochte dieser noch so verheißungsvoll erscheinen (*Balcerowicz* 1992, S. 41). Freilich wußte er wie seinerzeit *Ludwig Erhard*, daß eine tiefgreifende Wirtschaftsreform in schwierigen Zeiten einem Krieg mit anderen Mitteln gleicht. Gleichwohl hat er in Polen mit der Freigabe der Preise begonnen - im Bewußtsein dafür, daß nur über Knappheitspreise die marktwirtschaftliche Wirtschaftsrechnung zum freilich zunächst noch unvollkommenen Maßstab der Güterbewertung und Faktorallokation gemacht werden konnte.

So konnte nach 45 Jahren an die Stelle des zentralverwaltungswirtschaftlichen Befehls- und Zuteilungsdiktats die Käufersouveränität als Erfolgsmaßstab und Prüfstein unternehmerischen Handelns treten. Um sogleich das freiwillige Produzieren, Investieren und Sparen zu begünstigen, neue Preisverzerrungen auszuschließen und die Käufer zu den letztlich entscheidenden Arbeitgebern der Unternehmen zu machen, bedurfte es einer glaubwürdigen monetären Stabilisierung. Selbstverständlich war vom überkommenen staatssozialistischen Produktionsapparat keine sofortige Anpassung des Angebots an die neue Nachfragesituation zu erwarten. Partielle Preissteigerungen, Einkommens- und Beschäftigungseinbußen waren unvermeidlich. Rasch wurden darin im politischen Raum typische Begleiterscheinungen marktwirtschaflicher Ordnungen gesehen, obwohl es sich um Spätfolgen des sozialistischen Systems (einer fragilen Mischung von Typ A und Typ B) handelt. Hierfür wurde *Balcerowicz* verantwortlich gemacht und in die politische Wüste geschickt, bevor er mit einer angebotswirksamen Umgestaltung der Eigentumsordnung beginnen konnte.

Seit 1995 ist er wieder auf der politischen Bühne, nunmehr als stellvertretender Ministerpräsident. Mit einem anspruchsvollen ordnungspolitischen Programm war er in den Wahlen erfolgreich.

Balcerowicz, Träger des *Ludwig-Erhard-Preises*, hat damit bewiesen, daß man - entgegen der Meinung deutscher Politiker und mancher Anhänger der Neuen Politischen Ökonomie - mit einer marktwirtschaftlichen Konzeption in Wahlen erfolgreich sein kann. In Polen haben Politik und Wissenschaft beim Aufbau einer Marktwirtschaft erfolgreich zusammengearbeitet. Dies gilt wohl auch für Slowenien, Kroatien und teilweise auch für das Baltikum (*Wiest* 1999). Daß diese Länder den „Geist des Westens" nie verloren hatten, mag hilfreich gewesen sein. Freilich scheint dieser Geist die Zusammenarbeit von Politik und Wissenschaft nicht zu garantieren. Denn in Deutschland war z. B. die Wirtschaftswissenschaft von der Erarbeitung einer Konzeption der Wiedervereinigungspolitik weitgehend ausgeschlossen - zumindest seit 1975, als der Forschungsbeirat für Fragen der Wiedervereinigung, dem auch *K. Paul Hensel* viele Jahre angehörte, aufgelöst wurde (*Hamel und Weber* 1998).

Wie wichtig für den Transformationserfolg die gestaltende und ordnende Kraft, der Mut und Durchsetzungswille großer politischer Persönlichkeiten ist, zeigt die gegensätzliche Entwicklung in Rußland.

4.2.2. Der Systemwechsel in Rußland

Nachdem es die Herrscher in Rußland nach 1985 bzw. nach 1989 geschafft haben, im eigenen Haus - und weit darüber hinaus - fast alles in Unordnung zu bringen, stellt die Aufgabe, die Umstände und Perspektiven der Entstehung einer neuen funktionsfähigen und menschenwürdigen Ordnung in diesem Land zu erforschen, eine besondere Herausforderung dar. Es hat sich gezeigt, daß selbst weitgehende politische, kulturelle und religiöse Freiheiten (im Sinne von *Glasnost*) noch keinen Gleichlauf der Freiheitsbestrebungen in zentralen Bereichen der Wirtschaftsordnung garantieren, soweit diese eine grundlegende Änderung bisheriger menschlicher Verhaltensmuster erfordern.

Schon unter *Gorbatschow* wurde viel projektiert und reformiert, aber immer nur, um das sozialistische System (Typ A) mit marktwirtschaftlichen Elementen zu stabilisieren. Auch in den folgenden weitergehenden Reformaktivitäten herrschte ein spezialistisch-punktuelles Denken, z. B. in „strategischen Sektoren", vor. Man wollte gleichsam einzelne Radkombinationen und Rädchen im Getriebe der staatlich beherrschten Sozialtechnik auswechseln, ohne zu wissen und zu untersuchen, wie sich das auf den Gesamtprozeß des Wirtschaftens auswirkt (*Schüller* und *Peterhoff* 1988, S. 321ff.; *Peterhoff* 1995). Je mächtiger die Interessengruppen waren und sind, desto leichter können sie ihre Sonderwünsche durchsetzen und der entstehenden preisgesteuerten Wirtschaftsrechnung frühzeitig tiefreichende Brüche beibringen.

Die massive wirtschaftliche Vermachtung und die Instrumentalisierung des Staates für skrupellose Sonderinteressen sind Ausdruck einer geistig-moralischen Krise, des

Verfalls der Religion, der seelischen Säkularisierung, also der Auflösung jener gewachsener Bindungen und Werte, die Neo- oder Ordoliberale wie *Walter Eucken, Franz Böhm, Alfred Müller*-Armack und *Wilhelm Röpke* seit den 30er Jahren in Deutschland zum Anlaß genommen haben, die Idee einer privilegienlosen (gerechten) Privatrechtsgesellschaft neu zu entwickeln, in der – ergänzt durch geeignete gesellschafts- und wirtschaftspolitische Vorkehrungen – „jeder die gleichen Rechte und den gleichen Status, nämlich den Status einer Person des Privatrechts" (*Böhm* 1980, S. 107ff.), innehat.

Man könnte nun annehmen, daß sich aus den in Rußland vielfach zu beobachtenden spontanen Marktbildungen ebenso spontan die Einsicht in die Zweckmäßigkeit einer Institutionalisierung marktwirtschaftlicher Rahmenbedingungen durchgesetzt hätte. Die Entstehung einer Marktwirtschaft als das Ergebnis eines evolutorischen Prozesses ist wissenschaftlich besonders faszinierend. Die Erwartung, daß sich in Rußland die Marktwirtschaft als wirtschaftlich leistungsfähige und menschenwürdige Ordnung aus den Ergebnissen einer spontanen Marktbildung von unten und aus der daraus in einem längeren Prozeß der Irrungen und Wirrungen hervorgehenden Einsicht in die Zweckmäßigkeit der Marktbefestigung von oben entwickeln könnte (siehe *Schüller* 1994c, S. 175ff.; 1994d, S. 465ff.), ist nicht unrealistisch, wenn man in langen Fristen denkt. Dies erfordert allerdings von den Menschen (auch im Westen) unendliche Geduld und tiefes Verständnis für einen solchen Prozeß und die daraus hervorgehende Institutionalisierung dieses Typs von russischer Marktwirtschaft. Wie lange kann man auf diese Geduld setzen, wenn der Staatsapparat weiterhin selbst das Hauptproblem der Transformation bleibt, sich als Ausbeuter statt als Schutzmacht des Marktgeschehens versteht und hierbei in einem beispiellosen Ausmaß vom Westen unterstützt wird? Wird es dadurch der russischen Führung nicht leicht gemacht, weiterhin zu versuchen, die „Kommandohöhen der Wirtschaft" dirigistisch von Moskau aus zu beherrschen?

Im Prozeß der Globalisierung üben normalerweise ausländische Direktinvestitionen einen ordnungsverändernden Einfluß aus. Demzufolge sind von ihnen transformationsbeschleunigende Impulse zu erwarten. Tatsächlich hat sich schon im Reformklima von *Glasnost* und *Perestrojka* und angeregt durch eine gezielte Reformnachfrage westlicher Investoren eine regelrechte Deregulierungsspirale in Rußland entwickelt. Allerdings hat *Gorbatschow* dieser Entwicklung im Interesse des Erhalts der UdSSR Einhalt zu bieten versucht und den sog. *Schatalin*-Plan für einen marktwirtschaftlichen Umbau zu Fall gebracht. Seitdem ist Moskau im internationalen Wettbewerb um Direktinvestitionen zurückgefallen. Zugleich haben die Gebietskörperschaften damit begonnen, sich um den Status freier Wirtschaftszonen zu bemühen, unter anderem auch deshalb, um hierdurch einen eigenständigen Zugang zu Direktinvestitionen zu erhalten. Je mehr die auch nach *Gorbatschow* immer wieder unternommenen Liberalisierungsansätze im Sande verlaufen sind, desto stärker machen sich in Rußland Regionalisierungsbestrebungen bemerkbar (siehe hierzu ausführlich *Schneider* 1995). Um für Direktinvestoren attraktiv zu werden, sind nicht wenige regionale Entscheidungsträger zu einem ordnungspolitischen Alleingang bereit. Somit dürfte der Einfluß von Auslandsinvestitionen auf den Transformationsprozeß gegenwärtig vor allem von der Peripherie des Landes her wirksam werden. Ob sich die westlichen Regierungen hinreichend bewußt sind, daß die transformationswidrige Einstellung Moskaus durch den relativ großzügigen Zugang zu ausländischen Finanzhilfen gestärkt wird?

Vielfach wird in der russischen Bevölkerung das entscheidende Hindernis für die Überwindung der Transformationskrise gesehen. Sie habe sich daran gewöhnt, vom Staat versorgt oder gar umsorgt zu werden. Dies trifft nach *Gurkow* (1995, S. 37) eher für die DDR als für die UdSSR zu, wo der aktive Teil der Bevölkerung aus Überlebenskünstlern bestand, die initiativ, erfinderisch und geschäftstüchtig waren: „Die Sowjetbürger beherrschten die Techniken der individuellen Anpassung an äußere Umstände viel besser als ihre Klassenbrüder in der DDR, denn in der DDR funktionierte das dort tatsächlich praktizierte Sozialsystem besser als in der UdSSR. So sammelten die Menschen ein Know How, das ihnen jetzt, wo der Übergang zur Marktwirtschaft begonnen hat, außerordentlich nützlich ist". Hierin ist der Ausgangspunkt für die Entstehung eines Kleinunternehmertums zu erkennen, aus dem dann größere beschäftigungsaktive Unternehmen hervorgehen können. Vielfach wird bei uns auch verkannt, daß das soziale Netz in Rußland, ähnlich wie vorher schon, durch familiäre Solidarität und durch vielfältige nebenberufliche Tätigkeiten ersetzt wird. Innerhalb der Familien werden die Einkommen - wovon man in westlichen Wohlfahrtsstaaten fast nur noch aus Erzählungen der Großeltern weiß - umverteilt.

Das Problem ist: Wie kann eine Ordnung von oben entstehen, in der Gewalt und Betrug wirksam bekämpft, das Privateigentum, die Vertragsfreiheit und die Vertragstreue geschützt werden und insgesamt die Rechtsstaatlichkeit an Boden gewinnen kann. Das hierzu erforderliche neue Staatsverständnis muß sich in Rußland erst noch entwickeln. Bei der Hilfe von außen (*Schüller* 1994c, S. 167ff.) sollten die russischen Politiker und Staatsbedienstete - wie mit dem Hinweis auf die Bedeutung der Direktinvestitionen angedeutet - erfahren, daß es vorteilhaft ist, „sich für öffentliche Belange einzusetzen" (*Watrin* 1994, S. 221) und diese Aufgabe als treuhänderische Mission aufzufassen.

Ohne das Wissen, den Mut und die Durchsetzungsfähigkeit einzelner wird es dazu nicht kommen. Die ordnenden Kräfte in den Parlamenten, in der Regierung, der Administration und Justiz, in den Unternehmen, Interessenverbänden und Kirchen benötigen hierzu zunächst Systemwissen. Systemwissen ist unverzichtbar, wenn unnötige oder unnötig lange Lernprozesse, instabile Systemzustände und spontane Fehlentwicklungen (*von Delhaes* 1993, S. 310ff.) vermieden werden sollen und darüber zu entscheiden ist, ob es möglich ist, ordnungspolitisch Bewährtes in geeigneter Form zu übernehmen bzw. bestimmte Rahmenbedingungen (Gewaltenteilung, Unabhängigkeit der Zentralbank, Grundsätze staatspolitischen Handelns) herzustellen. Der Marburger Beitrag hierzu besteht in der Ausbildung und intensiven Betreuung und Beratung von russischen Studenten, im wissenschaftlichen Kontakt mit Doktoranden und Dozenten und in der Förderung von Buchpublikationen in russischer Sprache über Ordnungsfragen der Wirtschaft, wie das besonders auch mit Slowenien und mit anderen Transformationsländern geschieht. An der Studentenausbildung und damit der Formung des ordnungspolitischen Denkens möglicher führender Schichten der Zukunft beteiligt sich seit Jahren schon der gesamte Fachbereich. Erwähnt sei, daß das Buch „Die Grundlagen der Mikroökonomie" von *Ulrich Fehl* (dem Stellvertreter des Geschäftsführenden Direktors der Forschungsstelle) und *Peter Oberender* ins Russische übersetzt worden ist. Dies gilt auch für den inzwischen in 4. Auflage vorliegenden Arbeitsbericht Nr. 7 „Grundbegriffe zur Ordnungstheorie und Politischen Ökonomik" sowie für zahlreiche Aufsätze, die aus der Forschungsstelle kommen.

4.3. Folgerungen

Die typischen Eigenschaften von Übergangswirtschaften, in denen bei noch mangelnder institutioneller Infrastruktur und unklaren Eigentumsrechten Macht und Vermögen neu zu verteilen sind, interessieren weit über Rußland hinaus auch mit Blick auf China und die potentiellen Transformationsländer Länder Afrikas – nicht zuletzt auch auf die westeuropäischen Wohlfahrtsstaaten (einschließlich Deutschlands). Offensichtlich ist das Verhalten der Akteure auf den verschiedenen Ebenen der bewußten politischen Ordnungssetzung im Spannungsfeld von Gesellschafts- und Wirtschaftssystem (siehe Abb. 1) und der vor-, gleich- und nachgelagerten spontanen Ordnungsbildungen noch wenig erforscht. Liegen dem Verhältnis von spontaner Entstehung und bewußter Gestaltung des Transformationsvorgangs jeweils einmalige länder- oder kulturspezifische Lernprozesse zugrunde, oder beruhen die transformationsspezifischen Lernprozesse auf allgemeinen Erklärungsmustern? Um Fehlentwicklungen im Sinne von sozialen Dillemmasituationen (siehe hierzu den folgenden Beitrag von Christian Watrin), die im Prozeß der spontanen Herausbildung von Regeln entstehen können, als solche zu erkennen, zu verhindern und auszuräumen, ist eine prinzipielle Vorstellung vom Funktionieren der Gesamtordnung von Nutzen, also das, was vielfach Gegenstand der traditionellen Ordnungstheorie ist. Damit würde bestätigt, daß die transformationsspezifischen Lernprozesse sowohl einer theoretischen Analyse als auch einer politischen Gestaltbarkeit zugänglich sind, ja insbesondere im Bereich der äußeren Institutionen der bewußten ordnungspolitischen Gestaltung bedürfen. Dabei wäre es verhängnisvoll, wenn die Transformationspolitik die jeweiligen historischen, kulturellen, politischen und geographischen Ausgangsbedingen der betreffenden Länder ignorieren würde. Wie sehr in dieser Hinsicht die besondere Kunst der politischen Akteure gefordert ist, zeigt eine vergleichende Analyse des Transformationsprozesses in den Baltischen Staaten, in der evolutions- und institutionentheoretische Ansätze auf orginelle Weise mit den Erkenntnissen der Ordnungstheorie verknüpft werden (*Wiest* 1999).

5. Der Wettbewerb der Systeme als wissenschaftliche Herausforderung

Macht die Globalisierung die Wirtschaftssysteme nicht alle gleich? Ist die vergleichende Systemforschung nach 1989 nicht zur Wirtschaftsgeschichte, zur Gedenkstätte ihrer selbst geworden? Biologen beklagen das Aussterben von Tier- und Pflanzenarten auch deshalb, weil die Wissenschaftler diese Spezies nicht mehr in

Augenschein nehmen können. Dem Verschwinden der bisherigen sozialistischen Systeme, vor allem des A-Typs, dürften die meisten Menschen nicht nachtrauern, auch deshalb nicht, weil die Wirtschaftswissenschaftler in diesen Ländern mit der politischen und geistig-kulturellen Freiheit endlich auch die Freiheit zur vergleichenden Systemforschung haben. Ob mit dem endgültigen Verschwinden dieser Systeme zu rechnen ist, wissen wir nicht. Wir wissen aber, daß die Freiheit in der Gesellschaft immer und auch im praktischen Alltag der Demokratie – unter dem Einfluß totalitärer, nationalistischer und protektionistischer Denk- und Handlungsmuster - ständig gefährdet ist, erfahrungsgemäß zuerst und am meisten in der Wirtschaft. Daß am Ende von Spiralen des Interventionismus und Dirigismus die Transformation einer marktwirtschaftlichen Ordnung stehen kann, gehört schon immer zum ordnungstheoretischen Grundwissen, es bedarf jedoch im Hinblick auf die Ursachen und Anfänge solcher Prozesse - etwa bezüglich der nicht selten schleichenden Entwicklung von den in Abb. 2 genannten C- zu B-Typen hin - einer erweiterten und vertieften ordnungsökonomischen Betrachtung.

Generell vermittelt die Kenntnis der Funktionsprobleme der Typen A und B Einsichten in die Grenzen der wirtschaftspolitischen Lenkungs- und Gestaltungskraft der Politik und des Staates. Und wenn es richtig ist, daß wirtschaftspolitische Probleme wie Inflation und Staatsverschuldung, Arbeitslosigkeit, soziale Unsicherheit, Interventionismus und Preisdirigismus immer wiederkehren (siehe *Willgerodt* 1961, S. 70f.), dann kann es aufschlußreich sein zu wissen, wie alternative Wirtschaftssysteme damit umgehen. Die systemvergleichende Forschung hat nach *Willgerodt* (1961, S. 61) „das große Verdienst, eine Art von vergleichender Leistungslehre und Pathologie der verschiedenen Wirtschaftsordnungen entwickelt zu haben".

Wenn sich nun der Wettbewerb der Systeme immer mehr zugunsten der demokratisch-marktwirtschaftlichen Alternativen, also der C-Typen (siehe Abb. 2), zu entwickeln scheint, dann ändert dies an der Systemrivalität als einem universellen Vorgang nichts. Vielmehr wird sich dieser Vorgang mehr als vor 1989 auf die Selektion, Verdrängung und Ausbreitung von Varianten des C-Typs und möglicherweise auch des B-Typs (sozialistische Marktwirtschaft) konzentrieren. Dabei mischen sich - grob gesagt - die systembestimmenden Ordnungsformen mit kultur- und landesspezifischen (historischen Einflüssen) sowie mit häufiger wechselnden wirtschaftspolitischen Handlungskonzepten. Von daher könnte man zwischen einer angelsächsischen, französischen, rheinischen und demnächst vielleicht Berliner Variante, einer schwedischen, neuseeländischen, „tigerstaatlichen", polnischen, ungarischen, tschechischen und russischen usw. Ausprägung des Typs C unterscheiden.

Geht man davon aus, daß sich – im Hinblick auf bestimmte gewünschte oder im internationalen Wettbewerb vorteilhafte Ergebnisse – die besten C-Typen nicht von selbst durchsetzen, dann wird die Ordnungspolitik zum zentralen Aktionsparameter im Wettbewerb der Systeme (siehe *Kerber* 1994, S. 344) - zum einen durch die Nutzung des Wettbewerbs als Entdeckungsverfahren für eine bessere Ordnungspolitik; zum anderen durch die bewußte Wahl geeigneter Ordnungslösungen. In beiden Fällen ist eine verbesserte Kenntnis des Wirkungsspektrums denkbarer oder vorhandener

Alternativen erforderlich – auch im Hinblick auf die Wege und Formen der europäischen und außereuropäischen Integrationsbestrebungen sowie universeller Ordnungsvorkehrungen im Sinne einer Europäisierung oder Globalisierung der Idee der Verfassung der Wettbewerbsfreiheit (*Kerber* 1998). Wenn es um die Beurteilung entsprechender Ordnungsalternativen und -konzeptionen geht, etwa ob sie fördernd, verfälschend oder beschränkend auf den Wettbewerb der Systeme wirken, werden Beurteilungsmaßstäbe im Sinne der eingangs genannten systembestimmenden Ordnungsformen (*Eigentumsordnung* und *Wirtschaftsrechnung*) unverzichtbar.

Versucht man z. B. die Entstehung und den Verlauf der jüngsten asisatischen Finanzkrisen mit Hilfe der beiden Kriterien *Wirtschaftsrechnung* und *Eigentumsordnung* zu beurteilen, dann werden institutionelle Mängel erkennbar, die sich auf ein Bündel von punktuellen staatlichen Eingriffen zurückführen lassen mit der Folge einer Verfälschung des Wissens- und Institutionenwettbewerbs - nämlich auf knappheitswidrige Zinsregulierungen (mit der Folge eines teilweise negativen Realzinsniveaus), auf eine staatsdirigistische (zinsverfälschende) Kredit- und Investititionslenkung im Hinblick auf bestimmte Produkte (z. B. Autos), Firmen und Branchen, schließlich auf staatliche Wechselkursregulierungen, erleichtert durch den *Internationalen Währungsfonds (IWF)* als „lender of last resort". Die daraus erklärbaren Fehlinformationen, Fehlanreize, Koordinations- und Kontrolldefekte begründen in Verbindung mit unklaren Eigentumsrechten (z. B. der eigentumsrechtlichen Verknüpfung des Bankensystems mit den öffentlichen Haushalten) - also einer Eigentumsordnung, die in bestimmten Unternehmensbereichen eine weitgehende Entkoppelung von Verfügung, Nutzung und Haftung erlaubt - generell eine hohe Anfälligkeit für moralisches Fehlverhalten und für krisenhafte Entwicklungen.

Der Ausbau der Ordnungstheorie zu einem umfassenden sozialwissenschaftlichen Konzept der Ordnungsökonomik (im Sinne dessen, was international „The new institutional Economics" genannt wird) erfordert nach *Coase* (1998, S. 73) noch sehr viel Arbeit und Zeit. Und wenn es zutreffen sollte, daß auf diesem Wege – wie es auch der ordnungstheoretischen Konzeption entspricht - alles ökonomische Denken schließlich in ein umfassendes „Denken in Ordnungen" einmünden wird, dann wird man auf das gespannt sein dürfen, was erreicht sein wird, wenn es in unserer Universitätszeitung heißen wird: „Die Ordnungstheorie als zentrales Forschungsthema. **Fünfzig** Jahre Vergleich wirtschaftlicher Lenkungssysteme". Wenn schon Deutschland seit Jahrzehnten keine führende Rolle mehr im ordnungspolitischen Handeln hat, dann sollte wenigstens die ordnungstheoretische Forschung davon eine Ausnahme machen. An tüchtigem Nachwuchs hierfür fehlt es in Deutschland nicht.

Literatur

Balcerowicz, Leszek (1992), Ansprache aus Anlaß der Verleihung des *Ludwig-Erhard*-Preises.

Barthel, Alexander (1990), Betriebssteuern als Lenkungsinstrument in sozialistischen Planwirtschaften: Zur "wirtschaftlichen Rechnungsführung" der DDR, Stuttgart und New York.

Bing, Wilhelm und K. *Paul Hensel* (1969), Das Profil eines Wirtschaftswissenschaftlers, Deutsche Studien, Heft 26, S. 182-189.

Böhm, Franz (1980), Privatrechtsgesellschaft und Marktwirtschaft, in: Franz Böhm, Freiheit und Ordnung in der Marktwirtschaft, herausgegeben von *Ernst-Joachim Mestmäcker*, Baden-Baden, S. 105-168.

Coase, Ronald (1998), The New Institutional Economics, The American Economic Review, Vol. 88, No. 2, S. 72-84.

Delhaes, Karl von (1993), Aktive Ordnungspolitik in der Transformation: Konstruktivismus oder Voraussetzung freiheitlicher Entwicklung? ORDO, Bd. 44, S. 307-318.

Demsetz, Harold (1983), Economic, Legal and Political Dimensions of Competition, 2. Auflage, Amsterdam.

Dülfer, Eberhard (1999), Internationales Management in unterschiedlichen Kulturbereichen, 5., überarbeitete und erweiterte Auflage, München und Wien 1999.

Eucken, Walter (1939/1950), Die Grundlagen der Nationalökonomie, 1. Auflage 1939, 6. Auflage, Berlin, Göttingen, Heidelberg 1950.

Eucken, Walter (1952/1990), Grundsätze der Wirtschaftspolitik, 1. Auflage 1952, 6., durchgesehene Auflage mit einem Vorwort zur Neuausgabe 1990 von *Ernst-Joachim Mestmäcker*, Tübingen 1990.

Fehl, Ulrich (1984), Besprechung von "Property Rights und ökonomische Theorie", Zeitschrift für die gesamte Staatswissenschaft, Bd. 140, H. 4, S. 769-772.

Freyn, Ulrich (1985), Zum Problem der Wirtschaftsrechnung und der dynamischen Preisbildung in sozialistischen Planwirtschaften. Offene Fragen der intertemporalen Opportunitätskostenkalkulation, Dissertation, Marburg.

Gröner, Helmut und *Alfred Schüller* (Hrsg.) (1978), Internationale Wirtschaftsordnung, Stuttgart und New York.

Gröner, Helmut und *Alfred Schüller* (1989), Grundlagen der internationalen Ordnung: GATT, IWF und EG im Wandel - *Euckens* Idee der Wirtschaftsverfassung des Wettbewerbs als Prüfstein, ORDO, Bd. 40, S. 429-463.

Gröner, Helmut und *Alfred Schüller* (1990), Supranationalisierung der Wirtschaftspolitik: Funktionswandel internationaler Institutionen?, in: *Dieter Cassel* (Hrsg.), Wirtschaftssysteme im Umbruch, München, S. 72-91.

Gurkow, Andrej (1995), Jenseits von großer Politik: Die Russen arrangieren sich mit der neuen Realität, in: *Andrej Gurkow* und *Valentin Zapevalov* (Hrsg.), Rußland auf dem Weg zur Neuformierung von Interessen, Macht und Strukturen - Lage und Perspektiven aus der Sicht "neuer" Russen, Köln, S. 35-42.

Gutmann, Gernot (1965), Theorie und Praxis der monetären Planung in der Zentralverwaltungswirtschaft, Stuttgart.

Gutmann, Gernot (1968), Bruttoeinkommensprinzip und öffentliches Eigentum. Ein ordnungstheoretisches Problem der Marktanpassung, ORDO, Bd. XIX, S. 257-286.

Hamel, Hannelore (Hrsg.) (1974), Arbeiterselbstverwaltung in Jugoslawien. Ökonomische und wirtschaftspolitische Probleme, München.

Hamel, Hannelore (Hrsg.) (1989), Soziale Marktwirtschaft - Sozialistische Planwirtschaft. Ein Vergleich Bundesrepublik Deutschland - DDR, 5., neubearbeitete Auflage, München.

Hamel, Hannelore und *Alfred Schüller* (Hrsg.) (1987), Ordnungstheorie: Methodologische und institutionentheoretische Entwicklungstendenzen, Arbeitsberichte zum Systemvergleich Nr. 11, herausgegeben von der Forschungsstelle zum Vergleich wirtschaftlicher Lenkungssysteme, Marburg.

Hamel, Hannelore und *Helmut Leipold* (1979), Handlungsspielräume und Unternehmerqualitäten von Managern unter alternativen Ordnungsbedingungen. Vergleich Bundesrepublik Deutschland, Ungarn und DDR, in: Deutschland Archiv. Zeitschrift für Fragen der DDR und der Deutschlandpolitik, Sonderheft 30 Jahre DDR.

Hamel, Hannelore und *Ralf L. Weber* (1998), Die deutsche Wiedervereinigung: Die Empfehlungen des Forschungsbeirates aus heutiger Sicht, in: *Karl Eckart, Jens Hacker* und *Siegfried Mampel* (Hrsg.), Wiedervereinigung Deutschlands, Schriftenreihe der Gesellschaft für Deutschlandforschung, Bd. 56, S. 429-445.

Hamm, Walter (1961), Kollektiveigentum, Heidelberg.

Hamm, Walter (1992), Privatisierung - ein Schlüsselproblem freiheitlicher Ordnungen, ORDO, Bd. 43, S. 139-157.

Heimann, Christian (1997), Systembedingte Ursachen des Niedergangs der DDR-Wirtschaft. Das Beispiel der Textil- und Bekleidungsindustrie 1945-1989, Frankfurt/Main.

Hensel, K. Paul (1959), Einführung in die Theorie der Zentralverwaltungswirtschaft, 2. Auflage, Stuttgart.

Hensel, K. Paul (1970), Das Verhältnis von Allokations- und Wirtschaftssystemen, in: *Erik Boettcher* (Hrsg.), Beiträge zum Vergleich der Wirtschaftssysteme, Berlin, S. 37-54.

Hensel, K. Paul (1972/1992), Grundformen der Wirtschaftsordnung. Marktwirtschaft - Zentralverwaltungswirtschaft, 1. Auflage, München, 4. Auflage, Münster 1992.

Hensel, K. Paul (1977), Systemvergleich als Aufgabe. Aufsätze und Vorträge. Herausgegeben von *Hannelore Hamel*, Stuttgart und New York.

Hensel, K. Paul und Mitarbeiter (1968), Die sozialistische Marktwirtschaft in der Tschechoslowakei. Mit Dokumentation, Stuttgart.

Hoppmann, Erich (1995), Walter *Euckens* Ordnungsökonomk - heute, ORDO, Bd. 46,S. 41-55.

Jansen, Paul (1982), Das Inflationsproblem in der Zentralverwaltungswirtschaft, Stuttgart und New York.

Kerber Wolfgang (1994), Evolutorischer Wettbewerb. Zu den theoretischen und institutionellen Grundlagen der Wettbewerbsordnung, unveröffentlichte Habilitationsschrift, Freiburg.

Kerber, Wolfgang (1998), Erfordern Globalisierung und Standortwettbewerb einen Paradigmenwechsel in der Theorie der Wirtschaftspolitik? ORDO, Bd. 49, S. 253-268.

Koch, Ernest A. (1986), Sowjetunion und Internationaler Währungsfonds (IWF), Dissertation, Marburg, Frankfurt/Main.

Krüsselberg, Hans Günter (1989), Zur Interdependenz von Wirtschaftsordnung und Gesellschaftsordnung: *Euckens* Plädoyer für ein umfassendes Denken in Ordnungen, ORDO, Bd. 40, S. 223-241.

Krüsselberg, Hans Günter (1997), Ethik, Vermögen und Familie, Schriften zu Ordnungsfragen der Wirtschaft, Bd. 56, Stuttgart.

Lachmann, Ludwig M. (1963), Wirtschaftsordnung und wirtschaftliche Institutionen, ORDO, Bd. XIV, S. 63-77.

Leipold, Helmut (Hrsg.) (1975), Sozialistische Marktwirtschaften. Konzeptionen und Lenkungsprobleme, München.

Leipold, Helmut (1976/1988), Wirtschafts- und Gesellschaftssysteme im Vergleich, 1. Auflage 1976, 5. Auflage Stuttgart 1988.

Leipold, Helmut (1978), Die Verwertung neuen Wissens bei alternativen Eigentumsordnungen, in: *Karl-Ernst Schenk* (Hrsg.), Ökonomische Verfügungsrechte und Allokationsmechanismen in Wirtschaftssystemen, Berlin, S. 89-122.

Leipold, Helmut (1983a), Eigentum und wirtschaftlich-technischer Fortschritt, Köln.

Leipold, Helmut (1983b), Eigentumsrechte, Öffentlichkeitsgrad und Innovationsschwäche - Lehren aus dem Systemvergleich, in: *Alfred Schüller, Helmut Leipold* und *Hannelore Hamel* (Hrsg.), Innovationsprobleme in Ost und West, Stuttgart und New York, S. 51-64.

Leipold, Helmut (1987), Institutionelle Entwicklung und Wirtschaftsrechnung, in: *Gernot Gutmann* (Hrsg.), Methoden und Kriterien des Vergleichs von Wirtschaftssystemen, Berlin, S. 53-76.

Leipold, Helmut (1989), Neuere Ansätze zur Weiterentwicklung der Ordnungstheorie, in: Jahrbuch für Neue Politische Ökonomie, Bd. 8, S.13-29.

Leipold, Helmut (1990), Neoliberal ,Ordnungstheorie' and Constitutional Economics. A Comparison between *Eucken* and *Buchanan*, Constistutional Political Economy, Vol. 1, No. 1, S. 47-65.

Leipold, Helmut (1996), Zur Pfadabhängigkeit der institutionellen Entwicklung. Erklärungsansätze des Wandels von Ordnungen, in: *Dieter Cassel* (Hrsg.), Entstehung und Wettbewerb von Systemen, Berlin, S. 93-115.

Leipold, Helmut (1998a), Die große Antinomie der Nationalökonomie: Versuch einer Standortbestimmung, ORDO, Bd. 49, S. 15-42.

Leipold, Helmut (1998b), Wertewandel und Werteverzehr: Moralische Dimensionen der Sozialen Marktwirtschaft, in: *Dieter Cassel* (Hrsg.), 50 Jahre Soziale Marktwirtschaft. Ordnungstheoretische Grundlagen, Realisierungsprobleme und Zukunftsperspektiven einer wirtschaftspolitischen Konzeption, Stuttgart, S. 153-175.

Leipold, Helmut und *Alfred Schüller* (1986), Unternehmen und Wirtschaftsrechnung: Zu einem integrierten dynamischen Erklärungsansatz, in: *Helmut Leipold* und *Alfred Schüller* (Hrsg.), Zur Interdependenz von Unternehmens- und Wirtschaftsordnung, Stuttgart, S. 3-40.

Meyer, Willi (1968), Personen und Institutionen zur Analyse der ökonomischen Krisenerscheinungen in der Bundesrepublik, ORDO, Bd. XIX, S. 99-157.

Meyer, Willi (1983), Entwicklung und Bedeutung des Property Rights-Ansatzes in der Nationalökonomie, in: *Alfred Schüller* (Hrsg.), Property Rights und ökonomische Theorie, München, S. 1-44.

Mises, Ludwig von (1920/1921), Die Wirtschaftsrechnung im sozialistischen Gemeinwesen, Archiv für Sozialwissenschaften und Sozialpolitik, Band 47, S. 86-126.

Mises, Ludwig von (1932/1981), Die Gemeinwirtschaft. Untersuchungen über den Sozialismus, Jena, Neuauflage München 1981.

North, Douglass C. (1990), Institutions, Institutional Change and Economic Performance, Cambridge.

North, Douglass C. (1999), *Hayek*s Beitrag zum Verständnis des Prozesses wirtschaftlichen Wandels, in: *Viktor Vanberg* (Hrsg.), Freiheit, Wettbewerb und Wirtschaftsordnung. Hommage zum 100. Geburtstag von *Friedrich A. von Hayek*, Freiburg, Berlin, München, S. 57-78.

Peterhoff, Reinhard (Hrsg.) (1995), Privatwirtschaftliche Initiativen im russischen Transformationsprozeß, Arbeitsberichte Nr. 19, herausgegeben von der Marburger Gesellschaft für Ordnungsfragen der Wirtschaft e. V., Marburg.

Schneider, Georg (1995), Dynamisierung des Transformationsprozesses durch ausländische Direktinvestitionen: Die UdSSR und Rußland als Beispiele, Dissertation, Marburg.

Schüller, Alfred (1973), Osthandelspolitik als Problem der Wettbewerbspolitik. Kritische Bestandsaufnahme und Neuansatz für die Außenwirtschaftspolitik gegenüber Zentralverwaltungswirtschaften, Frankfurt/Main.

Schüller, Alfred (1978), Property Rights, unternehmerische Legitimation und Wirtschaftsordnung, in: *Karl-Ernst Schenk* (Hrsg.), Ökonomische Verfügungsrechte und Allokationsmechanismen in Wirtschaftssystemen, Berlin, S. 29-87.

Schüller, Alfred (Hrsg.) (1983a), Property Rights und ökonomische Theorie, München.

Schüller, Alfred (1983b), Innovationsprobleme und wirtschaftspolitische Experimente im Systemvergleich, in: *Alfred Schüller, Helmut Leipold* und *Hannelore Hamel* (Hrsg.), Innovationsprobleme in Ost und West, Stuttgart und New York, S.-15.

Schüller, Alfred (1986), Der theoretische Institutionalismus als Methode des Systemvergleichs, in: *Gernot Gutmann* und *Siegfried Mampel* (Hrsg.), Probleme systemvergleichender Betrachtung, Berlin, S. 131-162.

Schüller, Alfred (1987), Ordnungstheorie - Theoretischer Institutionalismus: Ein Vergleich, in: *Hannelore Hamel* und *Alfred Schüller* (Hrsg.), Ordnungstheorie: Methodologische und institutionentheoretische Entwicklungstendenzen, Arbeitsberichte zum Systemvergleich, Nr. 11, herausgegeben von der Forschungsstelle zum Vergleich wirtschaftlicher Lenkungssysteme, Marburg, S. 74-100.

Schüller, Alfred (1988a), Does Market Socialism Work? London.

Schüller, Alfred (1988b), Ökonomik der Eigentumsrechte in ordnungstheoretischer Sicht, in: *Dieter Cassel, Bernd-Thomas Ramb* und *H. Jörg Thieme* (Hrsg.), Ordnungspolitik. *Artur Woll* zum 65. Geburtstag gewidmet, München, S. 155-183.

Schüller, Alfred (1992), Ansätze einer Theorie der Transformation, ORDO, Bd. 43, S. 35-63.

Schüller, Alfred (1994a), Die Europäische Union vor der Frage der Osterweiterung: Entscheidungslinien und Hindernisse, in: *Helmut Leipold* (Hrsg.), Ordnungsprobleme Europas: Die Europäische Union zwischen Vertiefung und Erweiterung, Arbeitsberichte der Marburger Gesellschaft für Ordnungsfragen der Wirtschaft e. V., Nr. 18, Marburg, S. 79-108.

Schüller, Alfred (1994b), Systemwechsel und Systemwandel in Deutschland - Die Soziale Marktwirtschaft an der Wende zu einer grundlegenden Veränderung?, in: *Werner Klein, Spiridon Paraskewopoulos* und *Helmut Winter* (Hrsg.), Soziale Marktwirtschaft. Ein Modell für Europa. Festschrift für *Gernot Gutmann* zum 65. Geburtstag, Berlin, S. 207-291.

Schüller, Alfred (1994c), Auslandshilfe und Systemtransformation, in: *Wernhard Möschel, Manfred E. Streit* und *Ulrich Witt* (Hrsg.), Marktwirtschaft und Rechtsordnung. Festschrift zum 70. Geburtstag von *Prof. Dr. Erich Hoppmann*, Baden-Baden, S. 167-188.

Schüller, Alfred (1994d), Vom staatlichen Preisdirigismus zu Wettbewerbspreisen, in: *Carsten Herrmann-Pillath, Otto Schlecht* und *Horst Friedrich Wünsche* (Hrsg.), Marktwirtschaft als Aufgabe. Wirtschaft und Gesellschaft im Übergang vom Plan zum Markt, Grundtexte zur Sozialen Marktwirtschaft, Band 3, Stuttgart, Jena und New York, S. 465-480.

Schüller, Alfred (1998), Der wirtschaftspolitische Punktualismus: Triebkräfte, Ziele, Eingriffsformen und Wirkungen, ORDO, Band 49, S. 103-126.

Schüller, Alfred und Hannelore Hamel (1995), Die Integration der DDR-Wirtschaft in den RGW, in: Deutscher Bundestag (Hrsg.), Machtstrukturen und Entscheidungs-mechanismen im SED-Staat und die Frage der Verantwortung. Materialien der Enquete-Kommission Aufarbeitung von Geschichte und Folgen der SED-Diktatur in Deutschland, Baden-Baden, S. 2692-2808.

Schüller, Alfred und Hans Günter Krüsselberg (Hrsg.) (1990/1991), Zur Transformation von Wirtschaftssystemen: Von der Sozialistischen Planwirtschaft zur Sozialen Marktwirtschaft, Hannelore Hamel zum 60. Geburtstag, 1. Auflage 1990, 2. Auflage 1991 (Arbeitsberichte zum Systemvergleich Nr. 15).

Schüller, Alfred und Ralf L. Weber (1998), Deutsche Einheit: Wirtschaftspolitische Weichenstellungen zwischen politischer und marktwirtschaftlicher Rationalität, in:Dieter Cassel (Hrsg.), 50 Jahre Soziale Marktwirtschaft. Ordnungstheoretische Grundlagen, Realisierungsprobleme und Zukunftsperspektiven einer wirtschaftspolitischen Konzeption, Stuttgart, S. 367-400.

Schüller, Alfred und Reinhard Peterhoff (1988), Gorbatschov- Reform - Modell für Osteuropa? Eine dornenvolle Gratwanderung, in: Hans Giger und Willy Linder (Hrsg.), Sozialismus - Ende einer Illusion. Zerfallserscheinungen im Lichte der Wissenschaften, Zürich, S. 321-355.

Schüller, Alfred und Ulrich Wagner (Hrsg.) (1980), Außenwirtschaftspolitik und Stabilisierung von Wirtschaftssystemen, Stuttgart und New York.

Schüller, Alfred, Helmut Leipold und Hannelore Hamel (Hrsg.) (1983), Innovationsprobleme in Ost und West, Stuttgart und New York.

Thieme, H. Jörg (1999), Wirtschaftssysteme, in: Vahlens Kompendium der Wirtschaftstheorie und Wirtschaftspolitik, Band 1, 7. Auflage, München, S. 1-52.

Wagner, Ulrich (1968), Die weichen Pläne der Betriebe im administrativen Sozialismus, ORDO, Bd. XIX, S. 287-309.

Watrin, Christian (1994), Die Gesellschaft freier Menschen - Bemerkungen zu Erich Hoppmanns Arbeiten über Freiheit und marktwirtschaftliche Ordnung, in: Wernhard Möschel, Manfred E. Streit und Ulrich Witt (Hrsg.), Marktwirtschaft und Rechtsordnung. Festschrift zum 70. Geburtstag von Prof. Dr. Erich Hoppmann, Baden-Baden, S. 211-223.

Watrin, Christian (1996), Ludwig von Mises' Sozialismuskritik - die ökonomische Perspektive, in: Karl-Dieter Grüske, Herbert Hax, Arnold Heertje und Bertram Schefold (Hrsg.), Vademecum zu einem Klassiker liberalen Denkens in Wirtschaft und Gesellschaft, Düsseldorf, S. 45-62.

Weber, Ralf L. (1995), Außenwirtschaft und Systemtransformation. Zur Bedeutung der Zahlungsbilanzrestriktion im Übergang von der Zentralverwaltungswirtschaft zur Marktwirtschaft, Stuttgart, Jena und New York.

Wentzel, Dirk (1995), Geldordnung und Systemtransformation. Ein Beitrag zur ökonomischen Theorie der Geldverfassung, Stuttgart, Jena und New York.

Wiest, Bertram (1999), Systemtransformation als evolutorischer Lernprozeß: Wirkungen des Handels auf den Produktionsaufbau am Beispiel der Baltischen Staaten, Dissertation, Marburg.

Willgerodt, Hans (1961), Zum Problem der unbestrittenen Wahrheiten in der Nationalökonomie, ORDO, Bd. XII, S. 59-76.

Soziale Dilemmata und Ordnungspolitik

Christian Watrin

Inhalt

1. Das Aufkommen der Lehre von den sozialen Dilemmata

Im Epilog zu seiner Schrift "The Social Dilemma" schreibt *Gordon Tullock* (1974, S. 139): "The book as a whole is far more gloomy than most." Damit meint er die Einsichten, die seine Arbeit im Hinblick auf den unvermeidbaren Konfliktcharakter menschlicher Beziehungen vermittelt. Und weiter heißt es: Der Traum der Aufklärung von der Perfektionierung menschlicher Institutionen und erst recht die Hoffnung auf eine konfliktfreie Welt seien utopisch. Viele menschliche Einrichtungen seien zwar verbesserungsfähig, aber letztlich blieben sie doch unvollkommen.

Tullock (1974, S. 140) definiert soziale Dilemmata im Sinne von Konflikten. Darunter versteht er Situationen, in denen Güter oder Dienstleistungen unfreiwillig den Eigentümer wechseln. Als Beispiele nennt er Raub, Betrug, umverteilende Lobby-Tätigkeiten oder Krieg. Wenn Streit über die jeweils bestehenden Verfügungsrechte an knappen Ressourcen oder Gütern entsteht, dann lohnt es sich für die Kontrahenten, knappe Mittel entweder in die Abwehr oder das Durchsetzen von Ansprüchen zu investieren. Unabhängig vom Ausgang des Konfliktes aber bewirken derartige, vom Standpunkt der Beteiligten rationale Handlungen keine Erhöhung des allgemeinen Wohlstands, sondern - im Gegenteil - sie erzeugen gesamtgesellschaftlich Wohlstands-verluste. Die eingesetzten Mittel werden in Auseinandersetzungen aufgezehrt und stehen somit nicht mehr für die Wertschöpfung zur Verfügung. Dies sei, so *Tullock* (1974, S. 139), das "soziale Dilemma". Gelänge es, den jeweiligen Konflikt und damit die Investitionen in einander widersprechende Ziele zu vermeiden, so ginge es allen besser.

Heute werden "soziale Dilemmata" in der mittlerweile als klassisch zu bezeichnenden Form des Gefangenendilemmas dargestellt. Danach zeitigt - unter bestimmten Prämissen - das "unabhängige nutzenmaximierende Verhalten der einzelnen Parteien Resultate, die von niemandem erwünscht sind" (*Buchanan* 1974/1984, S. 237). Anders ausgedrückt, Konflikte sind Negativ-Summen- oder im Grenzfall Null-Summen-spiele, in denen entweder alle verlieren oder eine Partei durch Zwang zu Lasten einer anderen bessergestellt wird.

Es ist allerdings noch eine erweiterte Fassung des Konfliktbegriffs möglich; denn überall dort, wo Güter oder Produktionsfaktoren knapp sind, d.h. sich mehr Ansprüche auf deren Verwendung richten, als angesichts vorhandener Vorräte befriedigt werden können, treten Nutzungskonflikte auf. Im einen wie im anderen Fall aber ergibt sich die Frage, wie Konflikte beigelegt werden können. Es versteht sich, daß es sich dabei um friedliche, aber auch um gewalttätige Lösungen handeln kann.

Die Lehre von den sozialen Dilemmata hat mittlerweile nicht nur Einzug in das ökonomische Denken, sondern auch in Nachbarwissenschaften wie die Soziologie und Teile der Politikwissenschaften gehalten. Mitunter wird daraus sogar der Schluß gezogen, es sei eine diesen Disziplinen gemeinsame sozialtheoretische Basis im Entstehen begriffen. Zumindest aber läßt sich sagen, daß Gemeinsamkeiten in den theoretischen Grundlagen der Sozialwissenschaften die nicht unbeachtlichen Verständigungsschwierigkeiten zwischen ihnen reduzieren würden. So könnte auch einer Mahnung *Hayeks* (1967, S. 123) Rechnung getragen werden, nach der gerade beim Studium der Gesellschaft Spezialisierung den großen Nachteil hat, am Ende auch die

Kompetenz im eigentlichen Fachgebiet zu beeinträchtigen. Und *Hayek* fährt fort "and I am even tempted to add that the economist who is only an economist is likely to become a nuisance if not a positive danger".

Was aber hat die in den letzten drei Jahrzehnten in den Vordergrund gerückte Lehre von den sozialen Dilemmata mit der Ordnungspolitik zu tun? Zunächst geht es darum, neue Antworten auf die seit der griechischen Klassik erörterte Frage zu finden, wie die menschliche Gesellschaft verfaßt sein sollte und wie die in ihr ablaufenden Prozesse zu erklären sind (*Hartwig* 1996, S. 33).

Die in der jüngeren Vergangenheit stattfindende Konzentration auf soziale Dilemmata kann neumodisch als ein Versuch interpretiert werden, einen Paradigmen- oder - weniger anspruchsvoll - einen Perspektivenwechsel herbeizuführen. Ist er erfolgreich, so ergibt sich die Notwendigkeit, überkommene Einsichten in menschliche Gesellungsprozesse erneut zu überdenken.1 Eine neue "Ordnungspolitik" kann an die Stelle der alten treten. Aber es ist auch nie auszuschließen, daß sich ein neuer Entwurf als Irrweg entpuppt.

Im folgenden werden das zuerst von den klassischen Ökonomen entwickelte Paradigma des Invisible hand-Theorems und das neuere der allgegenwärtigen sozialen Dilemmata einander gegenübergestellt und auf ihre ordnungspolitischen Konsequenzen befragt. Die klassische Position betont das Kooperationsinteresse aller am Markt Tätigen und begründet dies mit dem Streben nach höherem Wohlstand. Folglich besteht die Hauptaufgabe der Ordnungspolitik darin, jene Hemmnisse aus dem Wege zu räumen, die sich einer wohlstandsfördernden Interaktion auf Märkten entgegenstellen. In der heute vorherrschenden Terminologie der Politischen Ökonomie heißt das, daß der der Kooperation zugundeliegende Gesellschaftsvertrag der *Locke*schen Version entspricht und als Ergebnis einer freiwilligen Übereinkunft verstanden werden kann. Anders als in der *Hobbes*schen Konzeption sind Vertragsbrüche hier nicht das zentrale Thema der Ordnungspolitik, sondern es geht vor allem darum, die Koordination zwischen den Wirtschaftssubjekten im Interesse der allgemeinen Wohlstandssteigerung zu verbessern.

Der klassischen Sicht der ökonomischen Welt wird anschließend die Welt gegenübergestellt, die sich beim Blick aus dem „Fenster" sozialer Dilemmata ergibt. Hier stehen sich ebenfalls rational handelnde Individuen gegenüber. Anders als in der klassischen Konzeption, die meist stillschweigend unterstellt, daß die Wirtschaftssubjekte moralische Regeln mehr oder minder einhalten, unterstellt die Dilemma-Perspektive, daß jene in der Ausgangssituation, im „*Hobbes*schen Dschungel", keinerlei Beschränkungen ihrer Handlungsfreiheit akzeptieren. Dadurch laufen sie beständig Gefahr, sich gegenseitig zu schädigen, auch wenn sie das – nicht unähnlich dem klassischen Paradigma - nicht bewußt anstreben. Folglich liegt der Schwerpunkt der Ordnungspolitik im Modell der sozialen Dilemmata im Finden eines Ausweges aus der Rationalitätenfalle.

---

[1] Auch der in der neueren Literatur so stark favorisierte Institutionenvergleich findet sich schon in der griechischen Klassik, so in *Platon*s Erörterungen (Politeia) der relativen Vorteile von Demokratie, Aristokratie und Philosophenherrschaft bzw. Despotie.

Die beiden hier zu erörternden Ansätze unterscheiden sich mithin im Hinblick auf die Perspektive, von der aus sie das gesellschaftliche Zusammenleben analysieren. Während die klassische Sicht die Interessengemeinsamkeit betont, was ihr den Vorwurf der Harmoniegläubigkeit eingebracht hat, ist die *Hobbes*sche Sichtweise durch die Universalität gesellschaftlicher Konflikte geprägt.

2. "Unsichtbare Hand" versus "Soziale Dilemmata"

2.1 Der Markt als spontane Ordnung

Anders als die auf *Thomas Hobbes* (1651/1966) zurückgehende Lehre von den sozialen Dilemmata sieht das Theorem der „unsichtbaren Hand" im rationalen Streben der Wirtschaftenden nach eigenem Vorteil einen Handlungsantrieb, der in Grenzen ethisch unbedenklich (*Petersen* 1996, S. 24) und - gesellschaftlich gesehen - unter bestimmten Bedingungen nicht nur unschädlich, sondern sogar vorteilhaft ist. Denn das Eigeninteresse führt - richtig kanalisiert durch offene Märkte und Wettbewerb - zu *allgemeinem* Wohlstand, obwohl dessen Mehrung nicht die Absicht der Handelnden ist.

Dieser, auf den ersten Blick überraschende Befund läßt sich in der Sprache des Gefangenendilemmas so deuten, daß offene Märkte und Wettbewerb den Produzenten die Regeln eines Dilemma-Spiels auferlegen, denn die Absicht, Gewinne zu erzielen, wird durch den Markteinritt neuer Konkurrenten fortwährend infrage gestellt, ja zunichte gemacht. Die am Markt Tätigen wären deswegen besser gestellt, wenn sie die Konkurrenz untereinander und das Auftreten neuer Wettbewerber durch Kooperation, etwa einen Kartellvertrag, ausschließen könnten. Aber gerade das verhindern die Spielregeln.[2] Sie üben einen permanenten Druck auf die Produzenten aus, ihre Leistungen zu verbessern. Im Wettbewerbsprozeß aber diffundiert das Wissen über Produktionsverbesserungen und hebt so, quasi wie die Flut die Schiffe im Hafen, im gesellschaftlichen Prozeß den Wohlstand aller an. Die "Logik der Institutionen", nicht die Absicht oder die Ziele des einzelnen sind folglich ausschlaggebend im Hinblick auf das gesellschaftliche Ergebnis.

Die ganz anders geartete *Smith*sche Ableitung dieses Gedankengangs stützt sich einmal auf die ökonomischen Vorteile der gesellschaftlichen Arbeitsteilung, d.h. des Markttausches, und zum anderen auf die These, daß Güte und Mitgefühl der Mitmenschen, kurz: Altruismus, keine ausreichende Basis für die Existenz eines jeden in Freiheit und Wohlstand[3] sind. Im "Wohlstand der Nationen" heißt es: "In einer zivilisierten Gesellschaft ist der Mensch ständig und in hohem Maße auf die Mitarbeit und Hilfe anderer angewiesen, ... wobei er jedoch kaum erwarten kann, daß er sie allein durch das Wohlwollen der Mitmenschen erhalten wird" (*Smith* 1776/1978, S. 6f.).

Man kann in dieser bekannten Äußerung ein Implikat der Eigennutzannahme sehen. Wenn die Mitmenschen, anders als viele Sozialphilosophen meinen, in der Regel nicht altruistisch, sondern selbstinteressiert handeln, dann ist uneigennützige Hilfe,

---

[2] Zur Interpretation der Marktwirtschaft als Gefangenendilemma siehe *Pies* (1993, S. 177).

[3] Das dritte Ziel einer Gesellschaft freier Menschen, die Sicherung des inneren und äußeren Friedens, taucht zwar schon bei *Smith* auf, wird jedoch erst bei *J. St. Mill* (1921, S. 143) in Zusammenhang mit der internationalen Arbeitsteilung gebracht.

"Solidarität", wie Politiker gerne zu sagen pflegen, nicht die Basis, auf der eine wohlhabende Gesellschaft begründet werden kann. Gleichwohl schließt die Verfolgung persönlicher, d.h. vom Selbstinteresse bestimmter Ziele die erfolgreiche gesellschaftliche Kooperation dann nicht aus, wenn sie sich im Medium von Markt und Wettbewerb vollzieht; denn diese Regelsysteme transformieren das sonst eher als sozial schädlich einzustufende Eigeninteresse in die von keinem Marktteilnehmer angestrebten gesellschaftlichen Wohlstandssteigerungen. In Fortsetzung des angeführten Zitats heißt es denn auch bei *Smith* (1776/1978, S. 6f.): "Nicht vom Wohlwollen des Metzgers, Brauers und Bäckers erwarten wir das, was wir zum Essen brauchen, sondern davon, daß sie ihre eigenen Interessen wahrnehmen. Wir wenden uns nicht an ihre Menschen- sondern an ihre Eigenliebe, und wir erwähnen nicht die eigenen Bedürfnisse, sondern sprechen von ihrem Vorteil."

Entschließen sich aber zwei oder mehr Personen, in Tauschhandlungen einzutreten, so tun sie dies in der Erwartung, daß ihre eigene Wohlstandsposition durch „indirekte Produktion"[4] verbessert wird. Das mag in manchen Fällen in Folge von Fehleinschätzungen oder Betrug nicht in Erfüllung gehen. Aber das Regelsystem einer Marktwirtschaft beruht auf der Annahme, daß durch die in der gesellschaftlichen Arbeitsteilung liegenden Spezialisierungsvorteile sowie durch den Wettbewerb insgesamt für alle Verbesserungen entstehen. Selbst wer im Zuge der unvermeidlichen Strukturanpassungen auf einzelnen Märkten als Produzent[5] Einbußen erleidet, partizipiert gleichzeitig als Konsument an den zahlreichen Verbesserungen, die der Wettbewerb auf allen anderen Märkten erzeugt (*Buchanan* 1974/1984, S. 68). Auch wenn niemand gesellschaftliche Wohlstandssteigerung direkt anstrebt, so wird er doch im Prozeß von Markt, Arbeitsteilung und Wettbewerb "von einer unsichtbaren Hand geleitet, um einen Zweck zu fördern, den zu erfüllen er in keiner Weise beabsichtigt hat" (*Smith* 1776/1978, S. 371). *Smith* faßt die sich hier abzeichnende Logik des Marktes und Wettbewerbs so zusammen : "By pursuing his own interest he frequently promotes that of the society more effectually than when he really intends to promote it".[6]

In der *Smith*schen Sicht erzeugt das marktwirtschaftliche Regelsystem somit nicht jenes Chaos, welches *Marx* und seine Anhänger später behaupten sollten. Statt dessen entsteht spontan eine Ordnung, die sich über das Preissystem selbst reguliert. Die so viel verspotteten und oft angegriffenen "Selbstregulierungskräfte des Marktes" können allerdings nur dann wohlstandssteigernd wirken, wenn weitere institutionelle Bedingungen erfüllt sind. *Smith* subsumiert sie unter dem Begriff des "Systems der natürlichen Freiheit". Im wesentlichen handelt es sich um sichere Eigentumsrechte und Vertragsfreiheit.

---

[4] Auch in der modernen Wirtschaft werden letztlich Güter gegen Güter getauscht. „Indirekte Produktion" liegt folglich dort vor, wo die Eigenproduktion aufgegeben wird und über die Nutzung von Spezialisierungsvorteilen die nicht mehr selbst erstellten Güter eingetauscht werden.

[5] Der Begriff „Produzent" ist hier in dem weiten Sinne gemeint, daß jeder in der Gütererstellung Tätige, sei er selbständig oder unselbständig, darunter fällt.

[6] *Smith* (1776/1978, S. 400); (Nur am Rande: Das in diesem Zusammenhang wichtige Wort „frequently" fehlt z. B. in der *Stirner*schen Übersetzung).

In heutiger Terminologie ausgedrückt: Die "Kooperation unter Egoisten" ist mithin nicht nur möglich, sondern unter bestimmten Voraussetzungen auch gesellschaftlich vorteilhaft. Konflikte, die den Kern des Gefangenendilemmas ausmachen, spielen in dieser Sichtweise eine eher marginale Rolle. Die Aussicht auf die Verbesserung der eigenen Wohlstandsposition ist vielmehr der ausschlaggebende Grund dafür, daß wirtschaftliche Kooperation über die engen Grenzen von Autarkie und Eigenerzeugung hinweg stattfindet. Das Robinsonbeispiel der Anfängerlehrbücher mit seinen engen Grenzen der Selbstversorgung veranschaulicht die Armut der Autarkie. Der Tausch mit Freitag öffnet das Tor zur beiderseitigen Wohlstandsverbesserung, ohne daß zusätzliche Produktionsfaktoren eingesetzt werden. Der Umfang der gesellschaftlichen Arbeitsteilung schließlich wird durch die Kooperationsbereitschaft der Beteiligten über nationale Wirtschaftsgrenzen hinaus bestimmt. Im Zuge der Globalisierung ist er „grenzenlos".

In den Darstellungen der Vorteile der gesellschaftlichen Arbeitsteilung über Märkte wird zwar nicht in Abrede gestellt, daß Konflikte auftreten können, denn die Tauschtheorie zeigt, daß nach dem Erreichen der Kontraktkurve die Wohlstandsposition einer Partei nur noch zu Lasten der anderen verbessert werden kann. Aber dieser potentielle Konflikt wird in der ökonomischen Theorie des Marktes ebenso vernachlässigt wie der Gedanke, daß jeder Vertrag gleichzeitig auch einen Konflikt über die Aufteilung des Tauschgewinns zwischen den Kontrahenten einschließt. Konfliktelemente spielen allenfalls in der Form von Veränderungen der terms of trade in der Diskussion spezifischer Probleme der Entwicklungsländer eine Rolle. Vorherrschend ist jedoch die Auffassung, daß es in erster Linie darum geht, die ungenutzten oder noch nicht entdeckten Tausch- bzw. Arbeitsteilungspotentiale auszuschöpfen, um den "Wohlstand der Nationen", also nicht bloß einzelner, zu mehren. Die *Max Weber*sche Interpretation des Tausches als „Interessenkompromiß", als „Tauschkampf der Interessenten" mit dem typischen Mittel des Feilschens, hat zumindest in die klassische Tradition keinen Eingang gefunden (*Weber* 1964, S. 49f.; ferner *Tullock* 1974, S. 1ff.).7

2.2. Ordnungspolitik vor dem Hintergrund der "unsichtbaren Hand"

Das Theorem der „unsichtbaren Hand" will nicht nur das Phänomen der gesellschaftlichen Arbeitsteilung erklären. Gleichzeitig kann es als theoretisches Fundament der klassisch-liberalen Empfehlungen für die Wirtschaftsordnungspolitik herangezogen werden. Wenn durch gesellschaftliche Arbeitsteilung, offene Märkte und Wettbewerb die Lage aller Beteiligten verbessert wird, dann ist Mißtrauen gegen alle Formen staatlicher oder privater Eingriffe in das marktwirtschaftliche Regelsystem

---

7 Der *Smith*sche Ansatz wurde unter dem Einfluß der Ricardianischen Tradition und der utilitaristisch geprägten Wohlfahrtsökonomik zur Idee einer effizienten Marktwirtschaft abgemagert. Schließlich wurde er im Lichte der Lehre von den Marginalbedingungen dahingehend interpretiert, daß in der *Lange-Lerner*-Tradition behauptet wurde, auch eine sozialistische Marktwirtschaft könne ähnlich wie in der vollkommenen Konkurrenz die Marginalbedingungen erfüllen. Dieser Weg des ordnungspolitischen Denkens soll jedoch hier nicht weiter interessieren. Er hat überdies im Zuge der Renaissance des Denkens in Institutionen an Glanz verloren.

angebracht. Statt dessen ist - ausgenommen wenige Fälle - die Beseitigung der zahllosen Hemmnisse angezeigt, die der dynamischen Entfaltung einer immer tieferen und feineren gesellschaftlichen Arbeitsteilung entgegenstehen. Wirtschaftsliberale Empfehlungen weisen infolgedessen stets in Richtung einer Verbesserung der Funktionsfähigkeit der Märkte und einer Annäherung an das jeweils präferierte Leitbild der Marktwirtschaft. Die Leitbilder selbst können, besonders im Hinblick auf die Rolle des Staates, sehr verschieden sein und - kurz in Namen ausgedrückt - von *Müller-Armack*, über *Röpke, Eucken, Hayek, Buchanan* bis hin zum neueren Kommunitarismus auf der einen und zum radikalen Anarcho-Kapitalismus auf der anderen Seite reichen.

Aus der Betonung der Vorteile der gesellschaftlichen Arbeitsteilung leiten sich auch bekannte klassisch-liberale Forderungen ab, so das Eintreten für weltweiten Freihandel, aber auch für die Sicherung des Wettbewerbs, die Gewerbefreiheit, die Ausgestaltung der Verfügungsrechte über sachliche Produktionsfaktoren als private Eigentumsrechte und das Eintreten für einen das Recht schützenden Staat. Ferner ergibt sich sowohl eine Kritik des historischen Merkantilismus als auch seiner zeitgenössischen Formen.

Besonders deutlich wird das bei der Analyse des Tausches. Galt noch für *Voltaire* (zitiert bei *Oncken* 1922, S. 152): "Il est clair qu'un pays ne peut gagner sans qu'un autre perdre" und zog dieser daraus den Schluß, daß die Größe eines Landes maßgeblich ist für dessen Wunsch, seine Nachbarländer zu schädigen, so geht die klassische Auffassung dahin, daß die Parteien an Märkten *gleichgerichtete* Interessen verfolgen. Jede strebt eine Verbesserung ihres Wohlstandes an und erreicht in der Regel auch ihr Ziel. Daraus leitet sich dann die Idee eines rationalen Konsenses aller Beteiligten in der Weise ab, daß eine möglichst umfassende, die nationalen Grenzen überschreitende Kooperation, eine Weltmarktwirtschaft, erstrebenswert sei.

Wenn die Vorteile der gesellschaftlichen Arbeitsteilung erst einmal allgemein anerkannt wären, sollten der Umsetzung dieser Konzeption in praktische Politik angesichts der weitgehenden Interessenübereinstimmung keine allzu großen Hindernisse mehr entgegenstehen. Wird vorausgesetzt, daß die Politiker eine am Wohlstandsziel orientierte Politik betreiben, dann entfällt auch die so oft beklagte Divergenz zwischen politischer und wirtschaftlicher Logik. Eine weltweite Ordnung in Frieden, Freiheit und Wohlstand wäre nicht nur denkbar, sondern auch möglich. Es bedürfte mithin nicht der wohlwollenden oder die Bürger zu ihrem Glück zwingenden sichtbaren Hand des Staates, um den „Wohlstand der Nationen" zu fördern, sondern die nach Verbesserung ihrer Lebensumstände strebenden Wirtschaftsbürger fänden, so man sie nur ließe, schon auf Grund ihres Eigeninteresses Mittel und Wege, um ihre Ziele zu erreichen – und sei es durch das Abtauchen in die Schattenwirtschaft bei hohem Steuer- und Abgabendruck. Le monde va de lui meme.

Die klassisch-liberale Konzeption begegnet in der praktischen Anwendung allerdings der Schwierigkeit, daß marktwirtschaftliche Vorstellungen in den letzten zweihundert Jahren keineswegs durchgängig dominierend waren. Zu den Lebzeiten von *Adam Smith* herrschte der Merkantilismus, trotz entschiedener Kritik aus anderen Quellen jener Zeit. Als es im Gefolge der Bürgerinitiative der „Manchestermänner" *Cobden* und *Blight* in der Mitte des neunzehnten Jahrhunderts gelang, zunächst in England die Kornzölle abzuschaffen und später das Meistbegünstigungsprinzip durchzusetzen, begann eine Periode weltweit freien Handels mit gleichzeitig hoher Mobilität des Kapitals und der

Arbeitskräfte. Diese Entwicklung wurde jedoch jäh durch den Ersten Weltkrieg unterbrochen. In der sich anschließenden Zwischenkriegszeit und besonders in den dreißiger Jahren dominierten Autarkie und Bilateralismus. Die internationale Arbeitsteilung kam über weite Strecken zum Erliegen. Erst seit den fünfziger Jahren des zwanzigsten Jahrhunderts befinden sich die westliche Welt und seit dem Zusammenbruch des Sozialismus auch die ehemals planwirtschaftlichen Länder wieder auf dem Weg zu mehr wirtschaftlicher Integration, ohne daß erneut ein Zeitalter des universellen Freihandels angebrochen wäre.8

Solche Abläufe bringen die Vertreter der klassischen Position in die Schwierigkeit, eine schlüssige Erklärung dafür zu liefern, warum die rationale Einsicht in die allgemeinen Vorteile der weltweiten Arbeitsteilung nicht auch zu entsprechenden politischen Ergebnissen führt und warum eine weltweite, aber auch eine regionale Freihandelswirtschaft so großen Schwierigkeiten begegnet. Weder die Entwicklung im neunzehnten Jahrhundert, die auf einem weitgehend ungeschriebenen Konsens in der Beachtung der Regeln einer offenen Wirtschaft9 bestand, noch die nach dem Zweiten Weltkrieg einsetzende Weltwirtschaftspolitik mit ihren einflußreichen Weltwirtschaftsorganisationen und permanenten "Gipfel-Konferenzen" haben es, trotz mancher in den letzen beiden Jahrzehnten erzielter Fortschritte, vermocht, das Leitbild einer Weltmarktwirtschaft als unbestrittene Leitlinie zwischen den Nationen zu verankern.

Als ursächlich für diese vom Standpunkt gemeinsamer Interessen widersprüchliche Entwicklung werden genannt: die Dominanz partikulärer Interessen über gemeinsame Interessen selbst in modernen Demokratien, das Unverständnis, das den Vorteilen der internationalen Arbeitsteilung entgegengebracht wird, eine nicht leicht zu erklärende Selbstschädigung durch Protektionismus oder die Logik des demokratischen Regierungssystems, welches auf das Erzielen von Mehrheiten, nicht aber die Förderung des Wohls der Gesamtgesellschaft hin angelegt sei. Kann, gemessen daran, die Sicht der Realität aus dem Blickwinkel sozialer Dilemmata als theoretischer Fortschritt gewertet werden?

2.3. Soziale Dilemmata als Folge individuell rationalen Handelns

Die Soziologie des *Thomas Hobbes* ist der sozialphilosophische Hintergrund, auf den die neuere Lehre von den sozialen Dilemmata zurückzuführen ist. *Hobbes'* Ausgangspunkt ist ein bellum omnium contra omnes, ein totaler Konflikt, in dem das Leben „armselig, häßlich, grausam und kurz" ist. Im Gegensatz zur klassischen Perspektive, in der Märkte (und damit eine Marktwirtschaft) das mehr oder weniger spontane Ergebnis des eigennützigen Verhaltens autonom handelnder Individuen sind und in der es darum geht, *Smiths* „obvious and simple system of natural liberty" umzusetzen, besteht das "*Hobbes*sche Ordnungsproblem" darin aufzuzeigen, ob und wie unter den Bedingungen eines universellen Konfliktes überhaupt eine gesellschaftliche

---

8 Zur Wertung der Liberalisierung im Zusammenhang mit der Globalisierung siehe *Watrin*, (1998, S. 69).

9 Besonders typisch ist hier die stillschweigende Beachtung der Regeln der Goldwährung, die ohne jeden internationalen Vertrag stattfand. Siehe hierzu *Watrin* (1999, S. 2013).

Ordnung entstehen kann und wie diese vor allem die natürlichen Rechte des Menschen - die Sicherheit des Lebens, der Freiheit und des Eigentums - sichern kann. *Hobbes'* Lösung im „Leviathan" ist der Abschluß eines Gesellschaftsvertrages - er wird teils als Fiktion10, mitunter auch als historisches Ereignis gedeutet -, in dem die Bürger, um sich vor den vernichtenden Folgen des Krieges aller gegen alle zu schützen, ihre autonomen Rechte an eine Zentralgewalt abtreten, die ihrerseits eine friedfertige gesellschaftliche Ordnung garantiert.11 Daß das so entstehende Gewaltmonopol gegen den Willen der sich Unterwerfenden genutzt werden kann, bringt schon der Titel der *Hobbes*schen Schrift zum Ausdruck.

Die *Hobbes*sche Analyse der sozialen Beziehungen hat auf die neuere Entwicklung des politischen und ökonomischen Denkens einen nachhaltigen Einfluß ausgeübt. Besonders in der politischen Theorie findet sie ihren Niederschlag in der Vorstellung eines "anarchischen" (eigentlich: "anomischen") Zustandes der Beziehungen zwischen souveränen Staaten.

Mit dem Einzug der *Hobbes*schen Gedankenwelt des Gesellschaftsvertrages und besonders mit der Annahme eines Zustandes, in dem Recht und Verträge nicht gelten, sind weitreichende Änderungen im ökonomischen Weltbild verbunden. Heute gehört das Gefangenendilemma zur Grundausstattung der meisten Lehrbücher für Anfänger.12 Dadurch lernen die Adepten der Ökonomik nicht nur, daß im Zustand der Rechtlosigkeit Armut herrscht - eine leicht nachvollziehbare Vorstellung -, sondern es wird ihnen gleichzeitig ein Perspektivenwechsel nahegebracht, der eine Kritik des älteren Institutionalismus an der klassischen Politischen Ökonomie wieder aufgreift, nämlich den Vorwurf, daß sie dazu neige, Konflikte zu übersehen, wenn nicht sogar auszublenden.

Dem ist zwar entgegenzuhalten, daß die so Kritisierten einige Mühe darauf verwendet haben, die älteren, aber auch heute noch im Schwange befindlichen Konflikttheorien des Tausches zu widerlegen. Vor allem der klassische Gegeneinwand geht dahin, daß Außenhandel wie jeder Tausch auf der Reziprozität von Exporten und Importen beruht, Güter also mit Gütern bezahlt werden. Warum aber sollten sich potentielle Handelspartner, wie die Merkantilisten meinten, freiwillig auf Null-Summen-Spiele einlassen? Gewiß, sie sind im gesellschaftlichen Leben keineswegs selten, etwa beim Zwangstausch oder bei einseitiger Ausbeutung. Dominanz-

---

[10] In ordnungspolitischen Analysen empfiehlt sich eine solche Annahme ebenso wie die in der ökonomischen Analyse übliche Prämisse des Eigeninteresses aller Akteure aus dem einfachen Grund, daß so von der „schlechtesten" aller Welten ausgegangen und der Utopismus vieler Gesellschaftsentwürfe vermieden wird. Eine genauere Auskunft über die üblicherweise verwendeten Menschenbilder aus ordnungsökonomischer Sicht findet sich bei *Schüller* (1999, S. 3ff.).

[11] Spätere Theoretiker des Gesellschaftsvertrages, wie *Rousseau* und *Locke*, dagegen gehen von einer natürlichen Identität der Interessen aller Beteiligten aus. Danach beruht die soziale Ordnung auf einer freiwilligen Übereinkunft, einem rationalen Konsensus, der Individual- und Kollektivinteressen zur Übereinstimmung bringt. Die *Locke*sche Sicht korrespondiert mit der Lehre der klassischen Ökonomie, die dem älteren merkantilistischen Konfliktmodell ihre Kooperationskonzeption entgegensetzte.

[12] Siehe hierzu besonders *Weimann* (1996, S. 111ff.).

Subordinationsbeziehungen aber sind alles andere als Quellen gesellschaftlichen Wohlstands, und sie entsprechen auch nicht der tauschtheoretischen Prämisse, daß sich auf Märkten Gleichgestellte begegnen, die freiwillig Tauschverträge miteinander abschließen.

Damit ist jedoch nicht die *Hobbes*sche Sicht des gesellschaftlichen und – als Unterfall – des wirtschaftlichen Ordnungsproblems obsolet. Aus dieser Perspektive muß der Eintritt Freitags in die Welt Robinsons nicht zwangsläufig als Chance für beiderseitig vorteilhaften Tausch begriffen werden. Freitag könnte sich vielmehr auch als derjenige entpuppen, der den Naturzustand *Hobbes*scher Prägung auf die einsame Insel bringt und so beide zwingt, in unproduktive Defensiv-/Offensiv-Mittel zu investieren. *Buchanan* (1974/1984, S. 32ff.) bezeichnet eine solche Konstellation als "natürliche Verteilung". In ihr muß jeder Akteur nicht nur fürchten, vom anderen überfallen und ausgeraubt zu werden, sondern es sinkt auch der in der Autarkie erwirtschaftete Wohlstand, da ein Teil der mageren Ressourcen in das Schutz- bzw. Angriffspotential der Beteiligten umgeleitet werden muß.

Buchanan, der wie kein anderer zur Renaissance der Gesellschaftsvertragstheorie in der Politischen Ökonomie beigetragen hat, entwickelt eine den *Hobbes*schen Vorschlägen verwandte Konzeption zur Überwindung des sozialen Dilemmas. Danach kann der *Hobbes*sche Dschungel dann verlassen werden, wenn die Handelnden sich auf einen Abrüstungsvertrag und die wechselseitige Anerkennung ihres Eigentums an den von ihnen produzierten Gütern einigen und so einen ersten Schritt in Richtung auf das Tor zu Arbeitsteilung, Spezialisierung und Tausch machen.

Diese Lösung bedarf jedoch der Ergänzung durch einen Rechtsschutzstaat, da im sozialen Dilemma nicht die Kooperation, sondern der Vertragsbruch die vom Standpunkt jedes Beteiligten beste Alternative ist. Da das für jeden gilt, ist das Ergebnis der Rückfall in den Naturzustand, der wiederum nicht die schlechteste Alternative ist, da er den vertragstreuen Partner vor der noch schlechteren Situation der einseitigen Ausbeutung durch den Vertragsbrüchigen bewahrt. Fehlt jedoch der Rechtsschutzstaat, so folgt aus der Interaktion der Beteiligten nicht die beiderseitige Wohlstandssteigerung durch Arbeitsteilung über Märkte, sondern das Verfehlen einer für alle günstigen Lösung, solange es nicht gelingt, die Gefahr des Vertragsbruches nachhaltig zu begrenzen oder sogar auszuschalten. Aber wie soll in einer Robinson-Freitag-Welt ein Rechtsschutzstaat entstehen?

Auf diese Frage könnte geantwortet werden, daß der Vertragsbruch für keinen Beteiligten attraktiv ist, da der Geschädigte nach der Regel „tit for tat,, sofort Vergeltung üben kann (*Axelrod* 1984/1988). In der großen Gruppe, in der jeder die ihn umgebende Regelwelt als gegeben ansieht (so besonders *Buchanan* 1974/1984, S. 51), steigt jedoch mit dem Grad der Anonymität der menschlichen Beziehungen gleichzeitig auch der Anreiz, vertragsbrüchig zu werden und „goldene Gelegenheiten" auszunutzen. Damit nimmt die Wahrscheinlichkeit ab, daß eine verläßliche Gesamtordnung, in der rationales Wirtschaften möglich wird, entsteht, und der Rechtsschutzstaat selbst wird zu einem öffentlichen Gut, d. h. er wirft ein Dilemma-Problem auf.

Die Dilemma-Perspektive wird durch die erhöhte Aufmerksamkeit, die in den letzten drei Jahrzehnten den öffentlichen Gütern zuteil wurde, erheblich verstärkt. Zwar hatte schon *Adam Smith* darauf verwiesen, daß neben den privaten Gütern, die durch Marktprozesse hervorgebracht werden, noch eine zweite Güterkategorie existiert, deren Bereitstellung nicht über Märkte erfolgt, obwohl ihr allgemeiner Nutzen groß ist. Die private Bereitstellung aber lohnt sich nicht, weil - in heutiger Terminologie - der Ausschluß nicht zahlungswilliger Nutzer des Gutes prohibitiv hohe Aufwendungen erfordert. Es bedarf deshalb einer außermarktlichen Einrichtung, wie etwa des Staates, die sich durch Zwangsabgaben finanzieren kann, wenn öffentliche Güter bereitgestellt werden sollen.

Lange Zeit war die Befassung mit diesem Teil des ökonomischen Kosmos Gegenstand der relativ isolierten Teildisziplin Finanzwissenschaft. In den letzten Jahrzehnten wurde diese Fehlentwicklung jedoch durch die Theorie der öffentlichen Güter dahingehend korrigiert, daß diese heute ein integraler Bestandteil der Politischen Ökonomie sind. Hier sind sie aber nicht nur ein Komplement zu den privaten Gütern, sondern gleichzeitig ein Paradebeispiel für soziale Dilemmata in der Ausprägung des spieltheoretischen Gefangenendilemmas. Mit ihrer systematischen Einbeziehung in den ökonomischen Kosmos stellt sich aber nicht nur heraus, daß die Abgrenzung zwischen privaten und öffentlichen Gütern unscharf ist[13], sondern mit der zuerst von *Coase* vermittelten Einsicht, daß die Nutzung des Marktmechanismus knappe Ressourcen verzehrt - eine Feststellung, die für alle Arten von Institutionen gilt - ergibt sich ferner eine Erweiterung des ökonomischen Gutsbegriffs auf zentrale Einrichtungen der modernen Wirtschaftsgesellschaft. Danach werfen das Recht, der Rechtsstaat (oder Rechtsschutzstaat im *Buchanan*schen Sinne), die Wettbewerbsordnung, das Bestehen und die Sicherung von Eigentumsrechten, die Moral, ja der Markt selbst Probleme auf, die sich sämtlich als soziale Dilemmata modellieren lassen und somit nicht wie Manna vom Himmel fallen.

Folglich kann in einer Welt, die annahmegemäß durch autonome, eigennutzorientierte Individuen besiedelt ist, nicht davon ausgegangen werden, daß z. B. rechtliche Normen, die die Handlungsspielräume der Akteure einschränken, spontan oder aus innerer Einsicht in ihre allgemeine Nützlichkeit enstehen, sondern es bedarf kostenträchtiger Initiativen von einzelnen oder von Gruppen, um sowohl für bestimmte Normen als auch deren Einhaltung zu werben. Hier aber öffnet sich eine Rationalitätenfalle; denn es ist für jeden einzelnen vorteilhafter, sich nicht an den Kosten der Bereitstellung zu beteiligen und trotzdem deren Vorteile als Freifahrer zu genießen. Handeln alle so, dann kommt das betreffende Gut nicht zustande. Beteiligen sich nur wenige, dann ist davon auszugehen, daß es unzureichend bereitgestellt werden. Damit wird, wie *Buchanan* (1974/1984, S. 237) bemerkt, die Allgemeinheit und Allgegenwart sozialer Dilemmata sichtbar. Sie treten überall dort auf, wo Vertragsbruch oder Nichtbeteiligung sich vom Standpunkt des einzelnen lohnt. Soziale Dilemmata sind somit ein zentraler Bestandteil des gesellschaftlichen Zusammenlebens, und der Rückfall in den „Naturzustand", in dem nach *Hobbes* weder das Leben, noch das Eigentum, noch der Wohlstand gesichert sind, wird zur realen Gefahr.

---

[13] Hier spielen besonders die meritorischen Güter eine große Rolle.

2.4. Ordnungspolitik in einer Welt sozialer Dilemmata

Die beständige Gefährdung des gesellschaftlichen Zusammenlebens aber wirft die Frage auf, wie dauerhaft gesellschaftliche Kooperation gesichert werden kann. Damit wandelt sich die ordnungspolitische Problematik. Im klassischen Entwurf geht es, wenn erst einmal die Vorteile von Tausch, Arbeitsteilung und Spezialisierung entdeckt und allgemein verstanden sind, in erster Linie darum, die Märkte und die Marktwirtschaft funktionsfähig zu machen. Aus Sicht der sozialen Dilemmata hingegen muß zunächst der Naturzustand, oder in *Buchanan*scher Sicht das „Gleichgewicht bei Anarchie", überwunden werden, ehe sich der wirtschaftliche Prozeß überhaupt entfalten kann.

Hierfür bieten sich zwei Wege an: Der erste ist der Rückgriff auf eine externe Institution, z. B. den Staat oder eine seiner Untergliederungen, die Sorge trägt für die friedliche Organisation des Wirtschaftslebens und gleichzeitig die Sanktionierung von Rechtsbrüchen übernimmt. Der zweite Weg ist die Prüfung, ob Dilemmastrukturen durch Initiativen der Gesellschaftsmitglieder überwunden werden können. Beide Wege werfen Probleme auf.

Zu externen Lösungen wird häufig Zuflucht genommen. In der Regel werden sie mit der Vorstellung verbunden, daß die staatlichen Akteure in ihrer Rolle als Gesetzgeber, Politiker, Richter oder Bürokraten - im Gegensatz zu den an den Märkten Tätigen - uneigennützig dem Gemeinwohl dienten und ihre persönlichen Belange hinter die öffentliche Aufgabe zurückstellten. In einer ökonomischen Theorie des Staates steht diese Annahme jedoch nicht nur im Widerspruch zur Prämisse, daß alle Akteure selbstinteressiert handeln, sondern sie ist gleichzeitig - etwa unter den Bedingungen einer Mehrheitsdemokratie - empirisch nicht gut abgesichert.

Wenn aber nicht die höhere Moral der Staatsdiener den Weg aus dem „Naturzustand" ebnet, dann stellt sich die Frage, ob der politische Markt in ähnlicher Weise wie der ökonomische über ein Rückkopplungssystem verfügt, welches das Streben der Politiker nach Macht, Einfluß und Einkommen im Konkurrenzkampf um Wählerstimmen in die ungewollte Produktion öffentlicher Güter transformiert. Hier ist die Antwort eher negativ. Denn der politische Markt verschafft der jeweiligen Mehrheitskoalition ein temporäres Machtmonopol, daß sie durchaus im Sinne des Machterhalts und der Förderung ihrer Wählerklientel, nicht aber im Sinne der allgemeinen Wohlstands-förderung nutzen kann. Die *Schumpeter-Downs*sche Nebenprodukt-Theorie (*Schumpeter* 1942/1950, S. 427; *Downs* 1957/1968, S. 28) der öffentlichen Güter versucht zwar, hier eine direkte Parallele zum Invisible hand- Theorem herzustellen, begegnet jedoch der Schwierigkeit, daß auf „politischen" Märkten die Parallelität zum freien Markteintritt und Wettbewerb so nicht besteht.

Der Rückgriff auf den zweiten Weg hat zwar den intellektuellen Vorteil, daß die logische Konsistenz des theoretischen Ansatzes nicht aufgegeben wird, steht jedoch im strengen Sinne in Widerspruch zur Ausgangsannahme, daß gesellschaftliche Dilemmata eben nicht durch Initiativen der autonom individuelle Wohlstandsziele verfolgenden Akteure überwunden werden können. Gleichwohl wird dieser Ansatz in der Literatur verfolgt.

2.4.1. Wege zur Bewältigung sozialer Dilemmata

Lange Zeit herrschte die Auffassung, daß überall dort, wo soziale Dilemmata auftauchen, staatliches Handeln angezeigt sei, ja daß keine andere Alternative bestünde. In der Lehre von den öffentlichen Gütern wurde diese Meinung dadurch gestützt, daß in allen diesen Fällen „Marktversagen" diagnostiziert wurde. *Hardins* einflußreicher Aufsatz „The Tragedy of the Commons" (1968) ist hierfür symptomatisch. Ähnliches gilt für große Teile der Umweltdiskussion, in der das Bild einer sich selbst zerstörenden menschlichen Gesellschaft gezeichnet wurde. *Hardin* (1968) selbst zog aus seiner Analyse den Schluß, daß ein völliger Zusammenbruch in einer überfüllten Welt nur dann vermieden werden könne, wenn sich die Menschen einer externen Zwangsgewalt unterordnen würden, „einem Leviathan", um den *Hobbes*schen Begriff zu benutzen. Nicht sehr viel anders argumentieren häufig Umweltschützer, wenn sie eine mit diktatoriellen Vollmachten ausgestattete Behörde fordern.

Andere Autoren suchen Zuflucht in der Zuteilung von Eigentumsrechten an gemeinsam genutzten Ressourcen. Sie sehen sich dabei allerdings der Schwierigkeit gegenüber, daß es eines Rechtsstaates bedarf, um diese zu schaffen und zu schützen. Gerade der Rechtsstaat selbst aber wirft ein gesellschaftliches Dilemma auf, denn er hat alle Eigenschaften eines Gutes, das sich zwar jeder oder doch die weit überwiegende Mehrheit der Bürger herbeiwünscht, das aber keineswegs aus den spontanen Handlungen der Gesellschaftsmitglieder hervorgeht. Ihn sich aber als ein Produkt vorzustellen, das irgendwie vom Himmel fällt oder von außerhalb vorgegeben ist, ist eine wenig befriedigende Annahme.

Die dunklen Schatten, die die gesellschaftlichen Dilemmata aufwerfen, haben sich allerdings schon in den frühen achtziger Jahren aufgehellt. Ein erster Vorläufer ist *Demsetz'* (1967, S. 347) Darstellung, daß die gewiß nicht ökonomisch geschulten Labrador-Indianer im achtzehnten Jahrhundert ein soziales Dilemma, nämlich das der Überjagung ihrer Gebiete im Zuge einer steigenden Nachfrage nach Biberpelzen, auf höchst überraschende Weise lösten. Sie einigten sich nämlich auf das Abstecken von Claims, die wiederum den einzelnen Stammesgruppen zugeteilt wurden. So entstanden rudimentäre private Eigentumsrechte, ohne daß es einer von außen einwirkenden sichtbaren Hand bedurft hätte, um die gesellschaftliche Ordnung den veränderten Umständen anzupassen. Neue Regeln des Zusammenlebens und Wirtschaftens waren die Folge, denn die vorher „vogelfreien" Biber wurden zu Kapitalgütern, die es galt, im Interesse kontinuierlicher Einkommenserzielung zu hegen und zu pflegen.

Ein anderes Beispiel dafür, daß externe Konfliktregelung nicht zwingend ist, sind die Computersimulationen von *Axelrod* (1984/1988). Sie zeigen, daß sich friedliche Kooperation auch unter den strikten Bedingungen reiner Gefangenendilemmasituationen dann herausbildet, wenn es kein letztes Spiel gibt. In diese Reihe gehören auch die empirischen Untersuchungen von *Elinor Ostrom* (1990/1999, S. 37), die aufzeigt, wann und unter welchen Bedingungen es bei typischen öffentlichen Gütern, und zwar den Allmenderessourcen, zu stabilen Verabredungen und Verträgen ohne äußere Sanktions-instanz kommt und wann freiwillige Abmachungen versagen. Sie macht deutlich, daß es gilt, in der wirtschaftlichen Realität jene Fälle zu entdecken, in denen soziale Dilemmata erfolgreich überwunden wurden.14 Dort wo das gelungen ist - und es gelingt häufig -, verschwindet der ursprüngliche Konflikt aus dem Bild.

Schließlich sei noch der häufigste aller Vorschläge zur Überwindung gesellschaftlicher Dilemmata erwähnt, die Moral. Dabei sind wiederum zwei Aspekte zu unterscheiden, Moral als externe Stütze und Moral als Produkt der offenen Gesellschaft. Im ersten Fall ist sie exogen - etwa durch Tradition - vorgegeben oder wird von externen Instanzen wie Kirchen oder Bildungseinrichtungen bereitgestellt, im zweiten geht sie aus der Interaktion der Beteiligten hervor.

2.4.2. Moral als externe Stütze in der offenen Gesellschaft

Ein rational handelndes Individuum wird, wie *Leschke* (1996, S. 78) zutreffend betont, im gesellschaftlichen Interaktionszusammenhang nur dann die allgemeinen Spielregeln befolgen, wenn „der Erwartungswert der Regelübertretung nicht größer ist als der erwartete Nutzen der Regelbefolgung". Folglich bedarf es eines Sanktionsmechanismus, der Regelübertretungen so weit verteuert, daß Regelbefolgung im gewünschten Umfang gewährleistet ist. Hierzu gibt es in liberalen Demokratien staatliche Vollzugsorgane (Polizeien, Staatsanwaltschaften, Gerichte), deren Aufgabe es ist, die Einhaltung der Ordnung zu garantieren. Angesichts der dabei auftretenden und schnell steigenden Kontrollkosten ist jedoch die Überwachung der Regeleinhaltung stets unvollständig, ja genau genommen nur punktuell möglich. Für jedes Gesellschaftsmitglied ergeben sich somit „goldene Gelegenheiten" (*Baurmann* 1996, S. 414), d.h. Möglichkeiten, geltende Regeln unerkannt und unverfolgt zu verletzen. Dadurch entstehen Anreize, im Interesse persönlicher Ziele zu defektieren. Nutzt - besonders in heutigen Großgesellschaften - jeder oder auch nur eine große Zahl solche Gelegenheiten, dann zerfällt die gesellschaftliche Ordnung, und die Gesellschaftsmitglieder sehen sich mit den Gefahren des *Hobbes*schen Naturzustands konfrontiert. Alle sind am Ende schlechter gestellt als in einer Gesellschaft, in der jeder aus freien Stücken und ohne Schielen auf „goldene Gelegenheiten" auf Regelverletzungen verzichtet. Kann ein solcher Zustand herbeigeführt werden?

Die Position, daß Moral von außen vorgegeben oder vorzugeben sei, ist weit verbreitet. Sie reicht von *Kants* Homo ethicus (*Schmidt* 1996, S. 104), der bei der Wahl seiner Handlungsmaximen von seinen eigenen Interessen abstrahiert, bis hin zum heutigen Kommunitarismus, der eine gemeinsame Moral als den Kitt ansieht, der eine moderne Großgesellschaft zusammenhält. In diesem Zusammenhang wird vor allem gegen moderne Wettbewerbsgesellschaften der Vorwurf erhoben, daß sie Moral, ein gesellschaftliches Kapitalgut, aufzehrten - ein Argument, mit dem schon *J. A. Schumpeter* (1942/1950, S. 213) seine Theorie vom unvermeidbaren Ende des Kapitalismus untermauerte. Denn der wirtschaftlich so überaus erfolgreiche Kapitalismus baut nach seiner Meinung das aus der Alten Gesellschaft überkommene Moralkapital in dynamischen Wettbewerbsprozessen ab, so daß - man möge es

---

14 Ähnlich zeigen *Blundell* und *Robinson* (1999), daß Regulierungen - sie können als öffentliche Güter angesehen werden - durchaus erfolgreich ohne staatliches Eingreifen vorgenommen werden können.

begrüßen oder nicht - die Ablösung des Kapitalismus durch den Sozialismus nur eine Frage der Zeit und des mehr oder minder schnellen Zerfalls der „schützenden Schichten" sei.

Aus der Sicht einer *ökonomischen* Theorie der Gesellschaft, in der alle Akteure als interessengeleitet interpretiert werden, ist hier zu fragen, wie denn die externe Stütze „Moral" im Zuge der menschlichen Entwicklung überhaupt entstehen konnte? Das wird meist unter Rückgriff auf das Hervorgehen der modernen Großgesellschaft aus der kleinen Gruppe, dem Clan oder Stamm, zu erklären versucht. Danach schufen die engeren menschlichen Beziehungen und die geringeren Kosten der Überwachung des einzelnen im Hinblick auf seinen Beitrag zum Gruppenwohl die Voraussetzungen für das Entstehen einer Gruppenmoral. Mit dem Aufkommen von Städten und größeren Herrschaftsverbänden begann jedoch, wenn man im Erklärungsansatz bleibt, die Erosion der Kleingruppenmoral. Vor allem aber die moderne kapitalistische Gesellschaft ist, nach dem Fortfall der „schützenden Schichten" (*Schumpeter* 1942/1950, S. 219), der Gefahr der Selbstzerstörung ausgesetzt oder, anders ausgedrückt, sie verfängt sich in soziale Dilemmata. *Schumpeter* wählt als Ausweg den Sozialismus, wohl in der irrigen Annahme, daß dieser einer neuen Moral den Weg weisen würde. Solche vielfach gehegten Hoffnungen haben sich angesichts der Erfahrung, daß dieser genauso wie die Marktwirtschaft mit gesellschaftlichen Dilemmasituationen konfrontiert ist, als unbegründet erwiesen.

Eine Variante der hier skizzierten Position ist die Behauptung, daß Menschen im Zuge der sozialen Evolution Regeln internalisieren, die sie veranlassen, in Entscheidungssituationen, in denen ihr Eigeninteresse der Normbefolgung widerspricht, dennoch freiwillig auf Regelbruch zu verzichten. Vermeintliche intrinsische Kosten, kurz: ein schlechtes Gewissen, hielten die Betreffenden davon ab, ihrem individuellen Kosten-Nutzen-Kalkül zu folgen und zu defektieren. Es würde folglich in kritischen Situationen nicht die nutzenmaximierende Alternative gewählt, sondern eine Alternative, deren subjektive Kosten höher seien als ihr Nutzen.

Für diese Argumentation wird angeführt, daß hinreichend viele Beobachtungen vorlägen, nach denen sich Menschen im Konfliktfall zwischen Eigeninteresse und moralischem Handeln für die Regelbefolgung entschieden, auch wenn dies mit erheblichen Kosten verbunden sei. In der Sache läuft dies auf die Behauptung hinaus, daß ein öffentliches Gut, nämlich die Befolgung geltender Regeln, freiwillig bereitgestellt wird, und zwar von einer hinreichend großen Zahl von Gesellschaftsmitgliedern, so daß die gesellschaftliche Stabilität gewährleistet wäre.

Hierzu ist anzumerken, daß sich für jede Theorie bestätigende Beobachtungen finden lassen (*Popper* 1963, S. 33). Überdies ist moralisches Verhalten kein sicheres Indiz für die Existenz und Befolgung externer Moralregeln. Denn angesichts der dem externen Beobachter nicht zugänglichen Präferenzstrukturen der Handelnden könnte moralisches Handeln ebensogut Ausfluß von Entscheidungskonstellationen sein, in denen sich die Einhaltung von Regeln aus privaten Kosten- und Nutzenerwägungen lohnt. Schließlich öffnet das Aufgeben des ökonomischen Standpunktes den Weg zurück zu aristotelischen Vorstellungen. Danach hat der Mensch als zoon politikon eine angeborene Disposition zur Kooperation. Allgegenwärtige „Defektion" wäre mithin ein Geschöpf übersteigerter theoretischer Spekulation. Die Welt sei eben nicht so, wie sie aus der ökonomischen

Dilemmaperspektive erscheine, nämlich ein unerbittlicher Kampf ums Überleben, dem nur gelegentlich und partiell zu entkommen sei.

Damit wird die von *Buchanan* und anderen bezogene Position in Frage gestellt, nach der wir in einer Welt sozialer Dilemmata leben. Zu fragen ist deswegen, ob sie einen Zugang zur Realität moderner Großgesellschaften offenlegt. *Brennan und Buchanan* (1985/1993, S. 191) versuchen, mit den sich hier abzeichnenden Schwierigkeiten dadurch fertig zu werden, daß sie das Homo oeconomicus-Modell teilweise uminterpretieren. Sie räumen ein, daß es in seiner einfachen Version wenig Hoffnung vermittelt, daß gesellschaftliche Dilemmata je überwunden werden, also wohlhabende freiheitliche Gesellschaften entstehen könnten. Warum sollte jemand Gutes tun? Gleichzeitig aber versuchen sie zu zeigen, daß es nicht notwendig sei, Elemente in den ökonomischen Ansatz einzuführen, die das Postulat des Selbstinteresses verletzen. Ihr Lösungsvorschlag hinsichtlich der Loyalität des einzelnen im Hinblick auf die Einhaltung vereinbarter Regeln beruht auf der Prämisse, daß es sich beim „öffentlichen Interesse" um die Verkörperung einer von allen geteilten moralischen Norm handele. Daraus folgt, daß die Gesellschaftsmitglieder allgemeinen Anliegen einen privaten Wert zuordnen und bereit sind, dafür Opfer zu bringen (*Brennan und Buchanan* 1985/1993, S. 193f.). Da es sich bei Verfassungsentscheidungen aber um Entscheidungen über allgemeine Regeln hinter dem „Schleier der Unsicherheit" handele, seien die individuellen Kosten zur Erlangung dieses öffentlichen Gutes niedrig genug, um individuelle Aufwendungen lohnend zu machen. Das Trittbrettfahrproblem trete also nicht in gleicher Weise auf wie sonst bei öffentlichen Gütern des alltäglichen Lebens. Der private Nutzen des Gutes „gesellschaftliche Ordnung" überspiele somit das Trittbrettfahrerproblem, und das Erzielen allgemeiner Übereinkünfte rücke auf der Verfassungsebene in den Bereich des Möglichen. Diesen Gedanken untermauern *Brennan und Buchanan* (1985/1993, S. 197) mit der Hoffnung auf das Erstarken einer „neuen Zivilmoral" („civil moral"), einer „Moral, die zum Teil eine Rückkehr zum Skeptizismus des 18. Jahrhunderts gegenüber Politik und Regierung" zum Gegenstand hat.

Der Rückgriff auf die „Zivilmoral" verdeutlicht die inneren Schwierigkeiten dieser Position, denn der Begriff „Zivilmoral" impliziert eine Abgrenzung gegenüber anderen Formen der Moral - zur Verdeutlichung: etwa der Verbrechermoral - und ist somit, wenn auch nur in Grenzen, als vorgegeben zu verstehen. Wenn dem so ist, dann ist Zivilmoral extern vorgegeben. Die Spekulation über individuelle Kosten- und Nutzenerwägungen bei jenen, die sich erst auf sie einigen wollen, beseitigt jedoch nicht den vorgegebenen Charakter der anvisierten Moral.

2.4.3. Moral als Produkt der offenen Gesellschaft

Die Modellierung aller Akteure in ihren verschiedenen gesellschaftlichen Rollen als rationale Egoisten legt es nahe, die Existenzfähigkeit einer solchen Gesellschaft in Abrede zu stellen. In der Dogmengeschichte hat die *Marx*sche Lehre diesen Weg am konsequentesten in ihrer Theorie vom unvermeidlichen Zusammenbruch des kapitalistischen Systems beschritten. Befreit man den *Marx*schen Ansatz von seinem historizistischen Beiwerk, so führen der tendenzielle Fall der Profitrate und die Konzentrationstendenz zur Extremisierung der Klassenlagen und zu chaotischen

Zuständen, die sich am Ende in einer Revolution entladen. Die alte Welt aber wird abgelöst - und hier gibt *Marx* seinen ökonomischen Ansatz auf - durch das Erscheinen eines Neuen Menschen auf der Weltbühne und damit eine letzte und gültige Ordnung der gesellschaftlichen Beziehungen im vollendeten Kommunismus. In ihm lösen sich durch uneigennütziges Handeln jedes einzelnen die aus der Ressourcenknappheit resultierenden gesellschaftlichen Dilemmata quasi von selbst auf. Die soziale Entwicklung mündet in die angeblich menschenfreundlichen Arbeiter- und Bauern-paradiese ein.

Wie wenig eine solche Flucht aus der Realität geeignet ist, reale Probleme menschlichen Zusammenlebens zu bewältigen, das bedarf angesichts der Erfahrungen in den Jahren 1989/91 keines weiteren Kommentars. Bleibt man deswegen beim nüchternen Homo oeconomicus-Ansatz, so ist zu fragen, wie moralkonformes Verhalten in Situationen erklärt werden kann, in denen es den unmittelbaren Interessen des jeweiligen Akteurs widerspricht. Eine Teilerklärung ist die in neuerer Zeit entwickelte Reputationstheorie. Danach ist ein Akteur nicht notwendigerweise darauf aus, kurzfristig seinen Nutzen zu maximieren, also „goldene Gelegenheiten" unter allen Umständen wahrzunehmen, sondern er verfolgt einen längerfristigen Lebens- oder Unternehmensplan und somit langfristige Gewinn- bzw. Einkommensmaximierung, wenn er z. B. sich als zuverlässiger, kulanter und ehrbarer Kaufmann auch dann moralkonform verhält, wenn ihm das unmittelbar schadet. Der Aufbau eines entsprechenden „Firmenwertes" oder gute Reputation zahlt sich auch in einer großen anonymen Gesellschaft auf Dauer aus. Der Ruf, stets opportunistisch zu reagieren, ist keine gute Geschäftsempfehlung. Selbst global agierende Unternehmen, die sich am ehesten der sozialen Kontrolle entziehen könnten, sind gerade mit Blick auf ihren wirtschaftlichen Erfolg auf ihren Ruf, ihr moralisches Kapital, bedacht.

In jüngerer Zeit hat *Baurmann* (1996, S. 283), ausgehend von der Überlegung, wie überhaupt ein Rechtsstaat entstehen konnte, die These vom „Markt der Tugend", der analog zu normalen Märkten funktioniert und damit zur Quelle von Moral wird, entwickelt. Der Vorzug seiner Konzeption besteht darin, daß er den zentralen Ansatzpunkt einer ökonomischen Theorie der Gesellschaft, die Interessengebundenheit menschlichen Handelns, nicht aufgibt, wenngleich auch er das traditionelle Homo oeconomicus-Modell vom kurzfristigen Nutzenmaximierer in Richtung auf einen „dispositionellen Nutzenmaximierer" uminterpretiert. Die Quelle moralischer Werte sind in *Baurmann*s Entwurf die freiwilligen Assoziationen. Hier arbeiten Menschen freiwillig zusammen, mehren also offenbar ihren Nutzen. Da die freiwilligen Vereingungen vielfach in Klein-Gruppen-Zusammenhängen operieren, sanktionieren sie Trittbrettfahrerverhalten recht effektiv, überwinden also soziale Dilemmata. Die Kleingruppen werden damit zur „Kinderstube" der Moral in der Gesellschaft, und es wird angenommen, daß sich die dort gesammelten Erfahrungen - quasi als intrinsische Motivation - auf die großen anonymen Märkte übertragen lassen.

3. Schluß: Zum Verhältnis von klassischer und dilemmatheoretischer Perspektive

Zu den seit zweihundert Jahren intensiv diskutierten ordnungspolitischen Themen gehört die Frage, ob in einer Gesellschaft, in der die Menschen aus den Bindungen traditioneller Ordnungen entlassen sind und einander als autonome Individuen begegnen, ein Zusammenleben in Frieden, Freiheit und Wohlstand möglich und auf Dauer zu sichern ist. Zu dieser Diskussion leistet die neu entstandene Theorie der gesellschaftlichen Dilemmata einen wichtigen Beitrag. Die Ordnungsprobleme heutiger Großgesellschaften können nicht „guten Herrschern", „aufgeklärten Despoten", „wohlwollenden Diktatoren" oder Staaten, die sich als Verkörperung der allgemeinen Vernunft verstehen, anvertraut werden. Verbesserungen der gesellschaftlichen Ordnung sind nicht das Geschenk wohlwollender Politiker, sondern sie gehen aus der Mitte gesellschaftlicher Prozesse hervor.

Die neuere ökonomische Ordnungsanalyse wird von dem Gedanken getragen, daß das Aufdecken der Fallen, in die das gesellschaftliche Leben geraten kann, ein wichtiger Bestandteil unseres Wissens ist und uns in die Lage versetzt, Abstürze zu vermeiden oder Fallen wieder zu öffnen. Ihr Beitrag zur Ordnungspolitik kann in erster Linie darin gesehen werden, daß sie die Fragilität von Ordnungen wie Marktwirtschaft und Demokratie erneut bewußt macht. Gleichzeitig aber erweitert sie die ordnungspolitische Perspektive. Die Konzentration auf die Welt des Marktes, die in der Vergangenheit zur Aufspaltung der Idee einer freien Gesellschaft in einen wirtschaftlichen und einen politischen Zweig geführt hat, korrigiert sie dahin, daß sie einen breiteren Rahmen für die Analyse ordnungspolitischer Probleme zur Verfügung stellt. Die Disziplinen Ökonomik und Politikwissenschaft werden auf der Basis des Homo oeconomicus-Modells einander angenähert, die weitverbreitete Unterscheidung zwischen politischem und wirtschaftlichem Liberalismus wird aufgelöst.

Die Lehre von den sozialen Dilemmata im engeren Sinne kann als Komplement zur älteren klassischen Konzeption aufgefaßt werden. Gegenüber dem Anspruch höherer politischer Weisheit ist die klassische Perspektive nahezu hilflos. Auf der Basis der sozialen Dilemmata aber kann nicht nur der ganze Bereich der öffentlichen Güter in die ordnungspolische Diskussion integriert werden, sondern es wird gleichzeitig möglich, die Funktionsweise von Politik und Wirtschaft aus einem einheitlichen Ansatz heraus zu betrachten. Schließlich werden auf den ersten Blick scheinbar so entlegene Themen wie die des gesellschaftlichen Zusammenhaltes und der erforderlichen moralischen Bindemittel zum Gegenstand der Politischen Ökonomie. Nicht hingegen scheint es die Stärke der Dilemmatheorie zu sein, konkrete Ordnungsentwürfe zu formulieren, die die notwendigen und hinreichenden Bedingungen einer freien Gesellschaft konzeptionell durcharbeiten. Hier hat der klassische Ansatz komparative Vorteile. Gemeinsam ist beiden Perspektiven, daß sie sowohl Kooperations- als auch Konflitkaspekte aufnehmen. Die klassische Sicht stellt die Kooperation in den Vordergrund, die Dilemmata-Perspektive hingegen nimmt ihren Ausgang vom Konfliktaspekt menschlicher Interaktion.

Die Forschungsstelle zum Vergleich von Wirtschaftssystemen hat in den vierzig Jahren ihres Bestehens wichtige Beiträge zu zahlreichen Aspekten der Ordnungspolitik geleistet. Ich gratuliere ihr zu ihrer hervorragenden Arbeit.

Literatur

Axelrod, R. (1984/1988), The Evolution of Cooperation, New York. Deutsch unter dem Titel: Die Evolution der Kooperation, München.

Baurmann, Michael (1996), Der Markt der Tugend. Recht und Moral in der liberalen Gesellschaft. Mohr Tübingen.

Blundell, John und *Colin Robinson* (1999), Regulation without the State. Institute of Economic Affairs, London.

Brennan, Geoffrey und *James M. Buchanan* (1985/1993), The Reason of Rules. Deutsch unter dem Titel: Die Begründung von Regeln, Mohr, Tübingen.

Buchanan, James M. (1974/1984), The Limit of Liberty. Between Anarchy and Leviathan. The University of Chicago Press, Chicago/London. Deutsch unter dem Titel: Die Grenzen der Freiheit. Zwischen Anarchie und Leviathan. J.C.B. Mohr, Tübingen.

Demsetz, Harold (1967), Torward a Theroy of Property Rights, in: American Economic Review Bd. 81.

Downs, Anthony (1957/1968), An Economic Theory of Democracy New York. Deutsch unter dem Titel: Die Evolution der Kooperation, München.

Hardin, G. (1968), The Tradgedy of the Commons. In: Science, Heft 162.

Hartwig, Karl-Hans (1996), Ordnungstheorie und die Tradition des ökonomischen Denkens, in: *D. Cassel* u.a., Ordnungspolitik. Festschrift für *Artur Woll*. Vahlen, München.

Hayek, F.A. (1967), Studies in Philosophy, Politics and Economics. The University of Chicago Press.

Hobbes, Thomas (1651/1966), Leviathan, or The Matter, Form & Power of a Commonwealth. Ecclesiasticall, London. Deutsch unter dem Titel: Leviathan, oder Stoff, Form und Gewalt eines bürgerlichen und kirchlichen Staates. Hrsg. von *Irving Fetscher*. Luchterhand, Neuwied.

Leschke, Martin (1996), Die Funktion der Moral in der liberalen Gesellschaft. Die Perspektive der konstitutionellen Ökonomik, in: *Ingo Pies* und *Martin Leschke* (Hrsg.), *James Buchanans* konstitutionelle Ökonomik. Mohr, Tübingen.

Mill, John Stuart (1921), Grundsätze der politischen Ökonomie, in: *H Waentig* (Hrsg.), Sammlung sozialwissenschaftlicher Meister, Bd. 18, Jena.

Oncken, A. (1922), Geschichte der Nationalökonomie. Erster Teil, 3. unveränderte Auflage, Leipzig.

Ostrom, Elinor (1990/1999), Governing the Commons. The Evolution of Institutions for Collective Action. Deutsch unter dem Titel: „Die Verfassung der Allmende: Jenseits von Markt und Staat. Mohr, Tübingen.

Petersen, Thomas (1996), Individuelle Freiheit und allgemeiner Wille. *Buchanans* politische Ökonomie und die politische Philosophie. Mohr, Tübingen.

Pies, Ingo (1993), Normative Institutionenökonomik. Zur Rationalisierung des politischen Liberalismus, Mohr Tübingen.

Popper, Karl R. (1963), Conjectures and Refutations. The Growth of Scientific Knowledge, London.

Schmidt, Johannes (1996), Regeln, Interesse und Moral: Bemerkungen zum normativen Ansatz der konstitutionellen Ökonomik, in: *Ingo Pies* und *Martin Leschke*, (Hrsg.), *James Buchanans* konstitutionelle Ökonomik, Mohr Tübingen.

Schüller, Alfred (1999), Das Menschenbild der christlichen Kirchen aus ordnungsökonomischer Sicht. IX. Zermatter Symposium. Erscheint in Kürze.

Schumpeter, Joseph A. (1942/1950), Capitalism, Socialism, and Democracy, New York. Deutsch unter dem Titel: Kapitalismus, Sozialismus und Demokratie, München.

Smith, Adam (1776/1978), An Inquiry into the Nature and Causes of the Wealth of Nations. The Glasgow Edition of the Works and Correspondence of *Adam Smith*. Two volumes. Oxford University Press.

Tullock, Gordon (1974), The Social Dilemma. The Economics of War and Revolution. University Publications. Blackburg, Virginia.

Watrin, Christian (1998), Die Herausforderung der Globalisierung: Chancen und Notwendigkeiten, in: *Anton Rauscher* (Hrsg.), Zukunftsfähige Gesellschaft. Beiträge zu Grundfragen der Wirtschafts- und Sozialpolitik. Duncker & Humblot, Berlin.

Watrin, Christian (1999), Art, Währung und Währungspolitik, in: Knappes Enzyklopädisches Lexikon des Geld-, Bank- und Börsenwesens, 4. Aufl. 1999.

Weber, Max (1964), Wirtschaft und Gesellschaft. Studienausgabe. Verlag Kiepenhauer und Witsch, Köln.

Weimann, Joachim (1996), Wirtschaftspolitik, Allokation und kollektive Entscheidung. Berlin.

Arbeitsberichte zu Ordnungsfragen der Wirtschaft

Nr. 21: Alfred Schüller (Hrsg.), Kapitalmarktentwicklung und Wirtschaftsordnung,
Juli 1997, ISBN 3-930834-04-9, 24,80 DM.

Nr. 20: Sandra Hartig, Die westeuropäische Zahlungsunion: Ein Vorbild für Osteuropa?,
Mai 1996, ISBN 3-930834-03-0, 76 S., 17,60 DM.

Nr. 19: Reinhard Peterhoff (Hrsg.), Privatwirtschaftliche Initiativen im russischen Transformationsprozeß, November 1995, ISBN 3-930834-02-2, 120 S., 24,80 DM.

Nr. 18: Helmut Leipold (Hrsg.), Ordnungsprobleme Europas: Die Europäische Union zwischen Vertiefung und Erweiterung, November 1994, ISBN 3-930834-01-4, 151 S., 19,80 DM.

Nr. 17: Helmut Leipold (Hrsg.), Ordnungsprobleme der Entwicklungsländer: Das Beispiel
Schwarzafrika, Juli 1994, ISBN 3-930834-00-6, 37 S., 9,20 DM.

Nr. 16: Helmut Leipold (Hrsg.), Privatisierungskonzepte im Wandel,
Juni 1992, ISBN 3-923647-15-8, 143 S., 19,20 DM. (vergriffen!)

Nr. 15: Zur Transformation von Wirtschaftssystemen: Von der Sozialistischen Planwirtschaft zur
Sozialen Marktwirtschaft, Hannelore Hamel zum 60. Geburtstag, Juli 1990, 2. überarbeitete
und erweiterte Auflage, Februar 1991, ISBN 3-923647-14-X, 192 S., 19,80 DM. (vergriffen!)

Nr. 14: Hannelore Hamel (Hrsg.), Soziale Marktwirtschaft: Zum Verständnis ihrer Ordnungs- und
Funktionsprinzipien, April 1990, ISBN 3-923647-13-1, 57 S., 7,60 DM.

Nr. 13: Heinz Lampert, Theorie und Praxis der Sozialpolitik in der DDR,
August 1989, ISBN 3-923647-12-3, 32 S., 6,90 DM. (vergriffen!)

Nr. 12: Hannelore Hamel und Helmut Leipold, Perestrojka und NÖS: Funktionsprobleme der
sowjetischen Wirtschaftsreform und die Erfahrungen der DDR in den sechziger Jahren,
Juni 1989, ISBN 3-923647-11-5, 63 S., 8,80 DM. (vergriffen!)

Nr. 11: Ordnungstheorie: Methodologische und institutionentheoretische Entwicklungstendenzen,
September 1987, ISBN 3-923647-10-7, 168 S., 12,80.

Nr. 10: Hannelore Hamel und Helmut Leipold, Wirtschaftsreformen in der DDR - Ursachen und
Wirkungen, Januar 1987, ISBN 3-923647-09-3, 43 S., 7,40 DM.

Nr. 9: Alexander Barthel, Zum Problem der Unternehmenshaftung in der DDR,
September 1986, ISBN 3-923647-08-5, 67 S., 8,90 DM.

Nr. 8: Unternehmensverhalten und Beschäftigung,
mit Beiträgen von Volker Beuthien u.a., Juni 1985, ISBN 3-923647-07-7, 80 S., 9,00 DM.

Nr. 7: Alfred Schüller und Hans-Günter Krüsselberg (Hrsg.), Grundbegriffe zur Ordnungstheorie und
Politischen Ökonomik, 4. Aufl., April 1998, ISBN 3-923647-06-9, 172 S., 15,40 DM.

Nr. 6: Alfred Schüller und Hannelore Hamel, Zur Mitgliedschaft sozialistischer Länder im
Internationalen Währungsfonds (IWF), Oktober 1984, ISBN 3-923647-05-0, 25 S., 6,30 DM.

Nr. 5: Béla Csikós-Nagy, Liquiditätsprobleme und die Konsolidierung der ungarischen Wirtschaft,
September 1983, ISBN 3-923647-04-2, 19 S., 4,20 DM.

Nr. 4: Karl von Delhaes, Zur Diskussion über die Funktion der Preise im Sozialismus,
Januar 1983, ISBN 3-923647-07-4, 27 S., 4,20 DM.

Nr. 3: Hannelore Hamel, Helmut Leipold und Reinhard Peterhoff, Zur Reform der polnischen
Unternehmensverfassung, Mai 1982, ISBN 3-923647-02-6, 68 S., 7,20 DM.

Nr. 2: Alfred Schüller, Produktionsspezialisierung als Mittel der Integrationspolitik im RGW,
Oktober 1981, Nachdruck 1986, ISBN 3-923647-01-8, 46 S., 6,40 DM.

Nr. 1: Karl von Delhaes und Reinhard Peterhoff, Zur Reform der polnischen Wirtschaftsordnung,
Juli 1981, Nachdruck 1985, ISBN 3-923647-00-X, 152 S., 10,50 DM.

In russischer Sprache:

Nr. 7RUS: Soziale Marktwirtschaft: Verständnis und Konzeptionen
in russischer Sprache, 130 S., DM 18,50

zu beziehen über:

Marburger Gesellschaft
für Ordnungsfragen
der Wirtschaft e.V.

Barfüßertor 2 · D-35037 Marburg · Tel.: (06421) 28 3928 · 28 3196 · Fax (06421) 28 8974

Internet: http://www.wiwi.uni-marburg.de/lokal/witheo2/fost/liste_ab.htm

Schriften zu Ordnungsfragen der Wirtschaft

Lucius&Lucius Verlags-GmbH, Stuttgart - ISSN 1432-9220

Herausgegeben von
Gernot Gutmann, Hannelore Hamel, Klemens Pleyer, Alfred Schüller, H. Jörg Thieme

(bis Band 51: „Schriften zum Vergleich von Wirtschaftsordnungen")

Band 61: *Schittek*, **Ordnungsstrukturen im europäischen Integrationsprozeß:** Ihre Entwicklung bis zum Vertrag von Maastricht, 1999, 409 S., 74 DM, ISBN 3-8282-0108-3.

Band 60: *Engelhard/Geue (Hg.)*, **Theorie der Ordnungen:** Lehren für das 21. Jahrhundert, 1999, 369 S., 69 DM, ISBN 3-8282-0107-5.

Band 59: *Brockmeier*, **Wettbewerb und Unternehmertum in der Systemtransformation:** Das Problem des institutionellen Interregnums im Prozeß des Wandels von Wirtschaftssystemen, 1999, 434 S., 74 DM, ISBN 3-8282-0097-4.

Band 58: *Hartwig/Thieme (Hg.)*, **Finanzmärkte:** Funktionsweise, Integrationseffekte und ordnungspolitische Konsequenzen, 1999, 556 S., 79 DM, ISBN 3-8282-0094-X.

Band 57: *Cassel (Hg.)*, **50 Jahre Soziale Marktwirtschaft:** Ordnungstheoretische Grundlagen, Realisierungsprobleme und Zukunftsperspektiven einer wirtschaftspolitischen Konzeption, 1998, 792 S., 94 DM, ISBN 3-8282-0057-5.

Band 56: *Krüsselberg*, **Ethik, Vermögen und Familie:** Quellen des Wohlstands in einer menschenwürdigen Ordnung, 1997, 348 S., 68 DM, ISBN 3-8282-0055-9.

Band 55: *Geue*, **Evolutionäre Institutionenökonomik:** Ein Beitrag aus der Sicht der österreichischen Schule, 1997, 336 S., 68 DM, ISBN 3-8282-0050-8.

Band 54: *Knorr*, **Umweltschutz, nachhaltige Entwicklung und Freihandel**, 1997, 49 DM, ISBN 3-8282-0035-4.

Band 53: *Paraskewopoulos (Hg.)*, **Wirtschaftsordnung und wirtschaftliche Entwicklung**, 1997, 79 DM, ISBN 3-8282-0034-6.

Band 52: *v. Delhaes/Fehl (Hg.)*, **Dimensionen des Wettbewerbs**, 1997, 84 DM, ISBN 3-8282-0033-8.

Band 51: *Keilhofer*, **Wirtschaftliche Transformation in der Tschechischen Republik und in der Slowakischen Republik**, 1995, 89 DM, ISBN 3-8282-5398-9.

Band 50: *Wentzel*, **Die Geldordnung in der Transformation**, 1995, 49 DM, ISBN 3-8282-5397-0.

Band 49: *Müller*, **Spontane Ordnungen in der Kreditwirtschaft Rußlands**, 44 DM, ISBN 3-8282-5396-2.

Band 48: *Sitter*, **Perestroika und Innovation**, 1995, 64 DM, ISBN 3-8282-5386-5.

Band 47: *Hamacher*, **Glaubwürdigkeitsprobleme in der Geldpolitik**, 1995, 58 DM, ISBN 3-8282-5385-7.

Band 46: *Weber*, **Außenwirtschaft und Systemtransformation**, 1995, 69 DM, ISBN 3-8282-5384-9.

www.ingramcontent.com/pod-product-compliance
Lightning Source LLC
Chambersburg PA
CBHW050654190326
41458CB00008B/2554